Todos los libros de Linkgua Ediciones cuentan con modelos de Inteligencia Artificial entrenados por hispanistas. Pregúntale al chat de tu libro lo que desees acerca de la obra o su autor/a.

Para ebooks: Accede a nuestro modelo de IA a través de este enlace.

Para libros impresos: Escanea el código QR de la portada con tu dispositivo móvil.

Obtén análisis detallados de nuestros libros, resúmenes, respuestas a tus preguntas y accede a nuestras ediciones críticas generativas para una experiencia de lectura más enriquecedora.
La transparencia y el respeto hacia la autoría de las fuentes utilizadas son distintivos básicos de nuestro proyecto. Por ello, las respuestas ofrecen, mediante un sistema de citas, las fuentes con las que han sido elaboradas.

Alonso de Ercilla y Zúñiga

La Araucana

Parte III

Barcelona **2024**
Linkgua-ediciones.com

Créditos

Título original: La Araucana.

© 2024, Red ediciones S.L.

e-mail: info@linkgua.com

Diseño de cubierta: Michel Mallard.

ISBN tapa dura: 978-84-1126-256-9.
ISBN rústica: 978-84-9816-825-9.
ISBN ebook: 978-84-9897-830-8.

Sumario

Brevísima presentación

La vida

Alonso de Ercilla y Zúñiga (Madrid, 1533-1594). España. Hijo de una familia noble, acompañó como paje al príncipe Felipe en sus viajes a Inglaterra y Flandes. En 1554 se fue a América, donde participó en la conquista de Chile. De regreso a España (1563) entró de nuevo al servicio del rey y desempeñó diversas misiones diplomáticas. Perteneció a la Orden de Santiago (1571) y fue uno de los hombres más ricos de su tiempo.

El texto

La experiencia americana de Ercilla le inspiró su poema épico La Araucana, escrito en octavas reales y dividido en tres partes (1569, 1578 y 1589). Este es uno de los libros salvados en el capítulo VI del Quijote y el primer texto poético europeo en el que América es un tema literario. Ercilla relata las cruentas luchas sostenidas en Chile entre araucanos y españoles, y describe el lugar y las costumbres de los indígenas.

La narración impresiona por la precisa descripción de paisajes y batallas, y los certeros retratos de los jefes araucanos. Se intercalan digresiones, según un procedimiento habitual en la lírica culta: relato de las batallas de Lepanto y San Quintín, descripción de ciudades famosas, la leyenda de Dido o una justificación política de las pretensiones de Felipe II a la corona portuguesa. Aunque Ercilla afirma ser testigo de las escenas que cuenta, el relato histórico muestra con frecuencia la influencia de las lecturas épicas del autor, con formación literaria.

La obra tiene varios protagonistas, Lautaro y Caupolicán entre los indígenas araucanos, y Pedro de Valdivia, García Hurtado de Mendoza, Pedro de Villagra o el propio Ercilla por el lado español.

Sin embargo, se da más relieve individual y heroico a los primeros, y se destacan sus virtudes por encima de sus adversarios.

Tercera parte

Canto XXX

Contiene este canto el fin que tuvo el combate de tucapel y rengo. Asimismo lo que Pran, araucano, pasó con el indio Andresillo, yanacona de los españoles

> Cualquiera desafío es reprobado
> por ley divina y natural derecho,
> cuando no va el designio enderezado
> al bien común y universal provecho,
> y no por causa propia y fin privado
> mas por autoridad pública hecho,
> que es la que en los combates y estacadas
> justifica las armas condenadas.
> Muchos querrán decir que el desafío
> es de derecho y de costumbre usada
> pues con el ser del hombre y albedrío
> justamente la ira fue criada;
> pero sujeta al freno y señorío
> de la razón, a quien encomendada
> quedó, para que así la corrigiese
> que los términos justos no excediese.
> Y el Profeta nos da por documento
> que en ocasión y a tiempo nos airemos,
> pero con tal templanza y regimiento
> que de la raya y punto no pasemos,
> pues dejados llevar del movimiento,
> el ser y la razón de hombres perdemos
> y es visto que difiere en muy poco
> el hombre airado y el furioso loco.
> Y aunque se diga, y es verdad, que sea
> ímpetu natural el que nos lleva,
> y por la alteración de ira se vea

que a combatir la voluntad se mueva,
la ejecución, el acto, la pelea
es lo que se condena y se reprueba
cuando aquella pasión que nos induce,
al yugo de razón no se reduce.

Por donde claramente, si se mira,
parece como parte conveniente,
ser en el hombre natural la ira
en cuanto a la razón fuere obediente;
y en la causa común puesta la mira,
puede contra el campión el combatiente
usar della en el tiempo necesario,
como contra legítimo adversario.

Mas si es el combatir por gallardía,
o por jatancia vana o alabanza,
o por mostrar la fuerza y valentía,
o por rencor, por odio, o por venganza;
si es por declaración de la porfía
remitiendo a las armas la probanza,
es el combate injusto, es prohibido,
aunque esté en la costumbre recebido.

Tenemos hoy la prueba aquí en la mano
de Rengo y Tucapel, que peleando
por solo presunción y orgullo vano
como fieras se están despedazando;
y con protervia y ánimo inhumano
de llegarse a la muerte trabajando,
estaban ya los dos tan cerca della
cuanto lejos de justa su querella.

Digo que los combates, aunque usados,
por corrupción del tiempo introducidos,
son de todas las leyes condenados
y en razón militar no permitidos,
salvo en algunos casos reservados

que serán a su tiempo referidos,
materia a los soldados importante
según que lo veremos adelante.
  Déjolo aquí indeciso, porque viendo
el brazo en alto a Tucapel alzado,
me culpo, me castigo y reprehendo
de haberle tanto tiempo así dejado;
pero a la historia y narración volviendo,
me oísteis ya gritar a Rengo airado,
que bajaba sobre él la fiera espada
por el gallardo brazo gobernada:
  el cual viéndose junto, y que no pudo
huir del grave golpe la caída,
alzó con ambas manos el escudo,
la persona debajo recogida;
no se detuvo en él el filo agudo,
ni bastó la celada aunque fornida,
que todo lo cortó, y llegó a la frente
abriendo una abundante y roja fuente.
  Quedó por grande rato adormecido
y en pie difícilmente se detuvo,
que, del recio dolor desvanecido,
fuera de acuerdo vacilando anduvo;
pero volviendo a tiempo en su sentido,
visto el último término en que estuvo,
de manera cerró con Tucapelo
que estuvo en punto de batirle al suelo.
  Hallóle tan vecino y descompuesto
que por poco le hubiera trabucado,
que de la gran pujanza que había puesto,
anduvo de los pies desbaratado;
pero volviendo a recobrarse presto,
viéndose del contrario así aferrado,
le echó los fuertes y ñudosos brazos

pensando deshacerle en mil pedazos,
y con aquella fuerza sin medida,
le suspende, sacude y le rodea;
mas Rengo, la persona recogida,
la suya a tiempo y la destreza emplea.
No la falta de sangre allí vertida
ni el largo y gran tesón en la pelea
les menguaba la fuerza y ardimiento,
antes iba el furor en crecimiento.

En esto Rengo a tiempo el pie trocado
del firme Tucapel ciñó el derecho,
y entre los duros brazos apretado
cargó sobre él con fuerza el duro pecho.
Fue tanto el forcejar, que ambos de lado,
sin poderlo escusar, a su despecho,
dieron a un tiempo en tierra de manera
como si un muro o torreón cayera.

Pero con rabia nueva y mayor fuego
comienzan por el campo a revolcarse
y con puños de tierra a un tiempo luego
procuran y trabajan por cegarse,
tanto que al fin el uno y otro ciego,
no pudiendo del hierro aprovecharse,
con las agudas uñas y los dientes
se muerden y apedazan impacientes.

Así, fieros, sangrientos y furiosos,
cuál ya debajo, cuál ya encima andaban,
y los roncos acezos presurosos
del apretado pecho resonaban;
mas no por esto un punto vagorosos
en la rabia y el ímpetu aflojaban,
mostrando en el tesón y larga prueba
criar aliento nuevo y fuerza nueva.

Eran pasadas ya tres horas, cuando

los dos campiones, de valor iguales,
en la creciente furia declinando
dieron muestra y señal de ser mortales,
que las últimas fuerzas apurando
sin poderse vencer, quedaron tales
que ya en parte ninguna se movían
y más muertos que vivos parecían.
   Estaban par a par desacordados,
faltos de sangre, de vigor y aliento,
los pechos garleando levantados,
llenos de polvo y de sudor sangriento;
los brazos y los pies enclavijados,
sin muestra ni señal de sentimiento,
aunque de Tucapel pudo notarse
haber más porfiado a levantarse.
   La pierna diestra y diestro brazo echado
sobre el contrario a la sazón tenía,
lo cual de sus amigos fue juzgado
ser notoria ventaja y mejoría
y aunque esto es hoy de muchos disputado,
ninguno de los dos se rebullía,
mostrando ambos de vivos solamente
el ronco aliento y corazón latiente.
   El gran Caupolicano, que asistiendo
como juez de la batalla estaba,
el grave caso y pérdida sintiendo,
apriesa en la estacada plaza entraba;
el cual, sin detenerse un punto, viendo
que alguna sangre y vida les quedaba,
los hizo levantar en dos tablones
a doce los más ínclitos varones.
   Y siguiendo detrás con todo el resto
de la nobleza y gente más preciada,
fue con honra solene y pompa puesto

cada cual en su tienda señalada,
donde acudiendo a los remedios presto,
y la sangre con tiempo restañada,
la cura fue de suerte que la vida
les fue en breve sazón restituida.
Pasado el punto y término temido,
iban los dos a un tiempo mejorando,
aunque del caso Tucapel sentido,
no dejaba curarse braveando;
pero el prudente General sufrido,
con blandura la cólera templando,
así de poco en poco le redujo
que a la razón doméstica le trujo.
Quedó entre ellos la paz establecida,
y con solennidad capitulado,
que en todo lo restante de la vida
no se tratase más de lo pasado,
ni por cosa de nuevo sucedida
en público lugar ni reservado
pudiesen combatir ni armar quistiones
ni atravesarse en dichos ni en razones;
mas siempre como amigos generosos
en todas ocasiones se tratasen
y en los casos y trances peligrosos
se acudiesen a tiempo y ayudasen.
Convenidos así los dos famosos,
porque más los conciertos se afirmasen
comieron y bebieron juntamente
con grande aplauso y fiesta de la gente.
Dejarélos aquí desta manera
en su conformidad y ayuntamiento,
que me importa volver a la ribera
del río que muda nombre en cada asiento,
pues ha mucho que falto y ando fuera

de nuestro molestado alojamiento,
para decir el punto en que se halla
después del trance y última batalla.
　　Luego que la vitoria conseguimos
con más pérdida y daño que ganancia,
al fuerte a más andar nos recogimos,
que estaba del lugar larga distancia
y aunque poco después, Señor, tuvimos
otros muchos rencuentros de importancia
no sin costa de sangre y gran trabajo
iré, por no cansaros, al atajo.
　　Y pasando en silencio otra batalla
sangrienta de ambas partes y reñida,
que aunque por no ser largo aquí se calla,
será de otro escritor encarecida.
Vista de munición y vitualla
la plaza por dos meses bastecida,
pareció por entonces provechoso
dejar por capitán allí a Reinoso
　　que las demás ciudades, trabajadas
de las pasadas guerras, nos llamaban,
y las leyes sin fuerza arrinconadas,
aunque mudas, de lejos voceaban;
las cosas de su asiento desquiciadas,
todos sin gobernarse gobernaban,
estando de perderse el reino a canto
por falta de gobierno, habiendo tanto.
　　Mas viendo la comarca tan poblada,
fértil de todas cosas y abundante,
para fundar un pueblo aparejada
y el sitio a la sazón muy importante,
quedó primero la ciudad trazada,
de la cual hablaremos adelante,
que aunque de buen principio y fundamento

mudó después el nombre y el asiento.

Dejando, pues, en guarda de la tierra
los más diestros y pláticos soldados,
en orden de batalla y són de guerra
rompimos por los términos vedados;
y atravesando de Purén la sierra,
de la hambre y las armas fatigados,
a la Imperial llegamos salvamente
donde hospedada fue toda la gente.

Puso el Gobernador luego en llegando
en libertad las leyes oprimidas,
la justicia y costumbres reformando
por los turbados tiempos corrompidas,
y el exceso y desórdenes quitando
de la nueva codicia introducidas,
en todo lo demás por buen camino
dio la traza y asiento que convino.

No habíamos aún los cuerpos satisfecho
del sueño y hambre mísera transida,
cuando tuvimos nueva que de hecho
toda la tierra en torno removida,
rota la tregua y el contrato hecho,
viendo así nuestra fuerza dividida
ayuntaban la suya con motivo
de no dejar presidio ni hombre vivo.

Luego, pues, hasta treinta apercebidos
de los que más en orden nos hallamos,
por la espesura de Tirú metidos,
la barrancosa tierra atravesamos
y los tomados pasos desmentidos,
no con pocos rebatos arribamos
sin parar ni dormir noche ni día,
al presidio español y compañía,
donde ya nuestra gente había tenido

nueva del trato y tierra rebelada,
que por estraño caso acontecido,
de la junta y designio fue avisada
y habiendo alegremente agradecido
el socorro y ayuda no pensada,
nos dio del caso relación entera,
el cual pasa, Señor, desta manera:

el araucano ejército, entendiendo
que su próspera suerte declinaba
y que Caupolicán iba perdiendo
la gran figura en que primero estaba,
en secretos concilios discurriendo,
del capitán ya odioso murmuraba
diciendo que la guerra iba a lo largo
por conservar la dignidad del cargo;

no con tan suelta voz y atrevimiento
que el más libre y osado no temiese,
y del menor edicto y mandamiento
cuanto una sola mínima excediese:
que era tanto el castigo y escarmiento
que no se vio jamás quien se atreviese
a reprobar el orden por él dado
según era temido y respetado.

Pero temiendo al fin como prudente
el revolver del hado incontrastable
y la poca obediencia de su gente,
viéndole ya en estado miserable,
que la buena fortuna fácilmente
lleva siempre tras sí la fe mudable
y un mal suceso y otro cada día
la más ardiente devoción resfría,

quiso, dando otro tiento a la fortuna,
que del todo con él se declarase,
y no dejar remedio y cosa alguna

que para su descargo no intentase.
Entre muchas, al fin, resuelto en una,
antes que su intención comunicase,
con la presteza y orden que convino
de municiones y armas se previno.
    No dando, pues, lugar con la tardanza
a que el miedo el peligro examinase
y algún suceso y súbita mudanza
los ánimos del todo resfriase,
con animosa muestra y confianza
mandó que de la gente se aprestase
al tiempo y hora del silencio mudo,
el más copioso número que pudo.
    Hizo una larga plática al Senado,
en la cual resolvió que convenía
dar el asalto al fuerte por el lado
de la posta de Ongolmo al mediodía,
que de cierto espión era avisado
cómo la gente que en defensa había,
demás de estar segura y descuidada,
era poca, bisoña y desarmada;
    que el capitán ausente había llevado
la plática en la guerra y escogida,
de no volver atrás determinado
hasta dejar la tierra reducida
y en las nuevas conquistas ocupado,
sin poder ser la plaza socorrida,
en breve por asaltos fácilmente
podrían entrarla y degollar la gente.
    Fue tan grave y severo en sus razones
y tal la autoridad de su presencia,
que se llevó los votos y opiniones
en gran conformidad sin diferencia,
y con ánimo y firmes intenciones

le juraron de nuevo la obediencia
y de seguir hasta morir, de veras,
en entrambas fortunas sus banderas.
Luego Caupolicano resoluto
habló con Pran, soldado artificioso,
simple en la muestra, en el aspecto bruto,
pero agudo, sutil y cauteloso,
prevenido, sagaz, mañoso, astuto,
falso, disimulado, malicioso,
lenguaz, ladino, prático, discreto,
cauto, pronto, solícito y secreto,
el cual en puridad bien instruido
en lo que el arduo caso requería,
de pobre ropa y parecer vestido,
del presidio español tomó la vía,
y fingiendo ser indio foragido
se entró por la cristiana ranchería
entre los indios mozos de servicio,
dando en la simple muestra dello indicio.
Debajo de la cual miraba atento,
sin mostrar atención, lo que pasaba,
y con disimulado advertimiento
los ocultos designios penetraba;
tal vez entrando en el guardado asiento,
en la figura rústica, notaba
la gente, armas, el orden, sitio y traza,
lo más fuerte y lo flaco de la plaza.
Por otra parte oyendo y preguntando
a las personas menos recatadas,
iba mañosamente escudriñando
los secretos y cosas reservadas,
y aquí y allí los ánimos tentando
buscaba con razones disfrazadas
vaso capaz y suficiente seno

donde vaciar pudiese el pecho lleno.
  Tentando, pues, los vados y el camino
por donde el trato fuese más cubierto,
de tiento en tiento y lance en lance, vino
a dar consigo en peligroso puerto;
que engañado de un bárbaro ladino
Andresillo llamado, de concierto
salieron juntos a buscar comida,
cosa a los yanaconas permitida
  y con dobles y equívocas razones
que Pran a su propósito traía,
vino el otro a decir las vejaciones
que el araucano Estado padecía,
los insultos, agravios, sinrazones,
las muertes, robos, fuerza y tiranía,
trayendo a la memoria lastimada
el bien perdido y libertad pasada.
  Visto el crédulo Pran que había salido
tan presto el falso amigo a la parada,
hallando voluntad y grato oído
y el tiempo y la ocasión aparejada,
de la engañosa muestra persuadido,
el disfrace y la máscara quitada,
abrió el secreto pecho y echó fuera
la encubierta intención desta manera,
  diciéndole: «Si sientes, ¡oh soldado!,
la pérdida de Arauco lamentable
y el infelice término y estado
de nuestra opresa patria miserable,
hoy la fortuna y poderoso hado,
mostrándonos el rostro favorable,
ponen solo en tu mano libremente
la vida y salvación de tanta gente.
  Que el gran Caupolicano, que en la tierra

nunca ha sufrido igual ni competencia,
y en paz ociosa y en sangrienta guerra
tiene el primer lugar y la obediencia,
quiere (viendo el valor que en ti se encierra,
tu industria grande y grande suficiencia)
fiar en ocasión tan oportuna
el estado común de tu fortuna;
   y que a ti, como causa, se atribuya
el principio y el fin de tan gran hecho,
siendo toda la gloria y honra tuya,
tuya la autoridad, tuyo el provecho.
Sola una cosa quiere que sea suya,
con la cual queda ufano y satisfecho,
que es haber elegido tal sujeto
para tan grande y importante efeto.
   Pues a ti libremente cometido
puede suceso próspero esperarse,
y a tu dichosa y buena suerte asido,
quiere llevado della aventurarse;
y así en figura humilde travestido,
porque de mí no puedan recatarse,
vengo cual vees, para que deste modo
te dé yo parte dello y seas el todo,
   haciéndote saber cómo querría
(si no es de algún oculto inconveniente)
dar el asalto al fuerte a mediodía
con furia grande y número de gente,
por haberle avisado cierta espía
que en aquella sazón seguramente
descansan en sus lechos los soldados,
de la molesta noche trabajados,
   y sin recato la ferrada puerta,
no siendo a nadie entonces reservada,
franca de par en par, siempre está abierta

y la gente durmiendo descuidada;
la cual de salto fácilmente muerta
y la plaza después desmantelada,
en la región antártica no queda
quien resistir nuestra pujanza pueda.
    Así que de tu ayuda confiado
que todo se lo allana y asegura,
cerca de aquí tres leguas ha llegado
cubierto de la noche y sombra escura;
adonde de su ejército apartado
debajo de palabra y fe segura,
quiere comunicar solo contigo
lo que sumariamente aquí te digo.
    Ensancha, ensancha el pecho, que si quieres
gozar desta ventura prometida,
demás del grande honor que consiguieres
siendo por ti la patria redimida,
solo a ti deberás lo que tuvieres
y a ti te deberán todos la vida,
siendo siempre de nos reconocido
haberla de tu mano recebido.
    Mira, pues, lo que desto te parece,
conoce el tiempo y la ocasión dichosa,
no seas ingrato al cielo que te ofrece
por solo que la acetes tan gran cosa;
da la mano a tu patria, que perece
en dura servidumbre vergonzosa,
y pide aquello que pedir se puede,
que todo desde aquí se te concede».
    Dio fin con esto a su razón, atento
al semblante del indio sosegado,
que sin alteración y movimiento
hasta acabar la plática había estado:
el cual con rostro y parecer contento

aunque con pecho y ánimo doblado,
a las ofertas y razón propuesta
dio sin más detenerse esta respuesta:
　«¿Quién pudiera aquí dar bastante indicio
de mi intrínsico gozo y alegría
de ver que esté en mi mano el beneficio
de la cara y amada patria mía?
Que ni riqueza, honor, cargo ni oficio,
ni el gobierno del mundo y monarquía
podrán tanto conmigo en este hecho
cuanto el común y general provecho:
　que sufrir no se puede la insolencia
desta ambiciosa gente desfrenada
ni el disoluto imperio y la violencia
con que la libertad tiene usurpada.
Por lo cual la Divina Providencia
tiene ya la sentencia declarada,
y el ejemplar castigo merecido
al araucano brazo cometido.
　Vuelve a Caupolicán, y de mi parte
mi pronta voluntad le ofrece cierta,
que cuanto en esto quieras alargarte,
te sacaré yo a salvo de la oferta;
y mañana, sin duda, por la parte
de la inculta marina más desierta
seré con él, do trataremos largo
desto que desde aquí tomo a mi cargo.
　Por la sospecha que nacer podría
será bien que los dos nos apartemos
y deshecha por hoy la compañía,
adonde nos aguardan arribemos;
que mañana de espacio a mediodía
con mayor libertad nos hablaremos,
y de mí quedarás más satisfecho.

¡Adiós, que es tarde; adiós, que es largo el tre-
cho!»
   Así luego partieron, el camino
llevándole diverso y diferente,
que el uno al araucano campo vino
y el otro adonde estaba nuestra gente;
el cual con gozo y ánimo malino
hablando al capitán secretamente,
le dijo punto a punto todo cuanto
oirá quien escuchare el otro canto.

Canto XXXI

Cuenta Andresillo a Reinoso lo que con Pran dejaba concertado. Habla con Caupolicán cautelosamente, el cual, engañado, viene sobre el fuerte, pensando hallar a los españoles durmiendo

La más fea maldad y condenada,
que más ofende a la bondad divina,
es la traición sobre amistad forjada,
que al cielo, tierra y al infierno indina,
que aunque el señor de la traición se agrada
quiere mal al traidor y le abomina:
ital es este nefario maleficio,
que indigna al que recibe el beneficio!

Raras veces veréis que el alevoso
en estado seguro permanece;
de nadie amado, a todo el mundo odioso
que el mismo interesado le aborrece;
amigo en todo tiempo sospechoso,
aunque trate verdad no lo parece
y al cabo no se escapa del castigo
que la misma maldad lleva consigo.

Si en ley de guerra es pérfido el que ofende
debajo de seguro al enemigo,
¿qué será aquel que al enemigo vende
la libertad y sangre del amigo,
y el que con rostro de leal pretende
ser traidor a su patria, como digo,
poniéndole con odio y rabia tanta
el agudo cuchillo a la garganta?

Guardarse puede el sabio recatado
del público enemigo conocido,
del perverso, insolente, del malvado,
pero no del traidor nunca ofendido
que en hábito de amigo disfrazado

el desnudo puñal lleva escondido:
no hay contra el desleal seguro puerto
ni enemigo mayor que el encubierto.

    La prueba es Andresillo, que dejaba
al amigo engañado y satisfecho;
el cual con la gran priesa que llevaba
en poco espacio atravesó gran trecho
y puesto ante Reinoso, el cual estaba
seguro y descuidado de aquel hecho,
preciándose el traidor de su malicia,
della y de la traición le dio noticia,

    diciéndole: «Sabrás que usando el hado
hoy de piadoso término contigo,
las cosas de manera ha rodeado
que puedo serte provechoso amigo,
pues en mi voluntad libre ha dejado
la muerte o salvación de tu enemigo,
remitiendo a las manos de Andresillo
la arbitraria sentencia y el cuchillo.

    Mas negando la deuda y fe debida
a mi tierra y nación, por tu respeto
quiero, señor, sacrificar la vida
por escapar la tuya deste aprieto,
y en contra de mi patria aborrecida
volver las armas y áspero decreto,
desviando gran número de espadas
que están a tu costado enderezadas».

    Tras esto allí les dijo todo cuanto
con Pran le sucedió y habéis oído,
que, si me acuerdo, en el pasado canto
lo tengo largamente referido.
Quedó Reinoso atónito de espanto
y con ánimo y rostro agradecido
los brazos amorosos le echó al cuello,

dándole encarecidas gracias dello.

Y alabando la astucia y artificio
con que del trato doble usado había,
exageró el famoso y gran servicio
que a todo el reino y cristiandad hacía,
diciendo que tan grande beneficio
siempre en nuestra memoria duraría
y con honroso premio de presente
sería remunerado largamente.

Quedaron, pues, de acuerdo que otro día,
sin que noticia dello a nadie diese,
en el tiempo y lugar que puesto había
con el vecino capitán se viese;
que de la vista y habla entendería
lo que más al negocio conviniese,
trayéndole por mañas y rodeo
al esperado fin de su deseo.

Hízolo pues así; pero antes desto
a la salida de un espeso valle
halló al amigo en centinela puesto,
esperándole ya para guialle
donde Caupolicán con ledo gesto,
saliendo algunos pasos a encontralle
adelantado un trecho de su gente
le recibió amorosa y cortésmente,

diciendo: «¡Oh capitán!, hoy por el cielo
en esta dignidad constituido,
a quien la redempción del patrio suelo
justa y méritamente ha cometido,
bien sé que solo con honrado celo
de virtud propia y de valor movido,
aspiras a arribar do ningún hombre
tendrá puesto adelante más su nombre;

y habiendo de tu pecho penetrado

el intento y designio valeroso,
de tu fortuna próspera guiado,
que promete suceso venturoso,
estoy resuelto, estoy determinado
que con golpe de gente numeroso
demos, siendo tú solo nuestra guía,
sobre el fuerte español a mediodía.

Para lo cual ha sido mi venida
sorda y secretamente en esta parte,
donde siendo tu boca la medida,
quiero del justo premio asegurarte
y ver si a ti esta empresa cometida,
quieres della y nosotros encargarte,
dando, como cabeza y dueño, en todo
el orden, la instrución, la traza y modo.

Que demás de las honras, te aseguro
de parte del Senado un señorío,
y por el fuerte Eponamón te juro
que éste será escogido a tu albedrío.
En tus manos me pongo y aventuro
y a tu buen parecer remito el mío,
para que des el orden que convenga
y el esperado bien no se detenga.

Pues con tu ayuda y mi esperanza cierta,
que me prometen próspera jornada,
en una parte oculta y encubierta
tengo cerca de aquí mi gente armada,
y antes que sea de alguno descubierta
y la plaza enemiga preparada,
que es el peligro solo que esto tiene,
apresurar la esecución conviene.

Resuélvete, ¡oh varón!, y determina,
como de ti se espera, brevemente,
que detrás deste monte a la marina

está el copioso ejército obediente,
y porque puedas ver la diciplina,
los ánimos, las armas y la gente,
podrás llegar allá, que aquí te aguardo,
con esperanza y ánimo gallardo».

El traidor pertinaz, que atento estaba
a cuanto el General le prometía,
no la oferta ni el premio le mudaba
de la fea maldad que cometía;
bien que algún tanto tímido dudaba
viendo de aquel varón la valentía,
el ser gallardo y el feroz semblante,
la proporción y miembros de gigante.

Venía el robusto y grande cuerpo armado
de una fuerte coraza barreada,
con un drago escamoso relevado
sobre el alto crestón de la celada;
en la derecha su bastón ferrado,
ceñida al lado una tajante espada,
representando en talle y apostura
del furibundo Marte la figura.

Visto por Andresillo cuán barato
podía salir con el malvado hecho,
teniendo en su traición y doble trato
andado en poco tiempo tanto trecho,
con alegre semblante y rostro grato,
aunque con doble y engañoso pecho,
hincando ambas rodillas en el llano
tal respuesta volvió a Caupolicano:

«¡Oh gran Apó!: no pienses que movido
por honra, por riqueza o por estado,
a tus pies y obediencia soy venido
a servirte y morir determinado;
que todo lo que aquí me has ofrecido

y lo que puede más ser deseado
no me provoca tanto ni me instiga
cuanto la gran razón que a ello me obliga.
    Gracias al cielo doy, pues mi esperanza,
en tu prudencia y gran valor fundada,
la siento ya con próspera bonanza
ir al derecho puerto encaminada;
y porque no nos dañe la tardanza
será bien que apresures la jornada,
siguiendo la fortuna, que se muestra
declarada en favor de parte nuestra;
    que nuestros enemigos sin recelo
a las armas de noche acostumbrados,
cuando va el Sol en la mitad del cielo
descansan en sus toldos desarmados,
y desnudos y echados por el suelo,
en vino y dulce sueño sepultados,
pasan la ardiente siesta en gran reposo
hasta que el Sol declina caluroso.
    Y si estás, como dices, prevenido
y la gente vecina, en ordenanza,
que goces luego la ocasión te pido,
no dejando pasar esta bonanza;
que el tiempo es malo de cobrar, perdido,
mayormente si daña la tardanza;
y pues no te detiene cosa alguna
no detengas tus hados y fortuna.
    Que a darte la vitoria yo me obligo,
no por el galardón que dello espero,
que la virtud la paga trae consigo
y ella misma es el premio verdadero;
basta lo que en servirte yo consigo,
y así graciosamente me prefiero
de ponerte sin pérdida en la mano

la desnuda garganta del tirano.

Mañana disfrazado, al tiempo cuando
vaya el Sol en mitad de su jornada,
vendrá a mi estancia Pran, donde aguardando
estaré su venida deseada;
y en el presidio y franca plaza entrando,
verá la gente entonces entregada
al ordinario y descuidado sueño,
sin prevención, y al parecer sin dueño.

«Esta noche, callada y quietamente,
desviada a la diestra del camino
venga a ponerse en escuadrón la gente
una milla del fuerte y más vecino;
y cuando asome el Sol por el oriente,
echada en recogido remolino,
bajas las armas por la luz del día,
aguarde allí el aviso y orden mía.

Quiero ver, pues que dello eres servido,
por ir del todo alegre y satisfecho,
tu dichoso escuadrón constituido
para tan alto y señalado hecho;
por quien Arauco ya restituido
en sus primeras fuerzas y derecho,
echada la española tiranía,
estenderá su nombre y monarquía».

Quedó Caupolicano de manera
que tuvo el trato y hecho por seguro,
diciéndole razones que moviera
no un corazón movible, pero un muro;
y en señal de firmeza verdadera
le dio un lucido llauto de oro puro
y un grueso mazo de chaquira prima,
cosa entre ellos tenida en grande estima.

Y del alegre Pran acompañado

al pie de un alto cerro montuoso
vio el araucano ejército emboscado,
de brava gente y número copioso:
quedó el traidor de verlo algo turbado
y en la falsa y mudable fe dudoso:
que en el ánimo vario y movedizo
hace el temor lo que virtud no hizo.

Pero ya la maldad apoderada
dándole espuelas, y ánimo bastante,
la duda tropelló representada,
llevando el mal propósito adelante.
Y así, encubriendo la intención dañada
con mentirosas muestras y semblantes,
loó el traidor encarecidamente
el sitio, el orden, armas y la gente.

Y después de inquirir y haber notado
lo que notar entonces convenía,
visto el grande aparato y tanteado
la gente armada y cantidad que había,
advertido de todo y enterado,
llegó al presidio al rematar del día,
adonde le esperaba ya Reinoso,
de su larga tardanza sospechoso.

Hizo con singular advertimiento
de su jornada relación copiosa,
dándole mayor ánimo y aliento
nuestra llegada a tiempo provechosa.
Que si estuvistes a mi canto atento,
por la mañana y costa montuosa
al socorro llegué aquel mismo día
con los treinta que dije en compañía.

Gastóse aquella noche previniendo
las armas e instrumentos militares
el foso, muro y plaza requiriendo,

señalando a la gente sus lugares,
hasta que fue la aurora descubriendo
con turbia luz los hondo valladares,
dando triste señal del día esperado
por tanta sangre y muerte señalado.
    Jamás se vio en los términos australes
salir el Sol tan tardo a su jornada,
rehusando de dar a los mortales
la claridad y luz acostumbrada:
al fin salió cercado de señales,
y la Luna delante dél menguada,
vuelto el mudable y blanco rostro al cielo
por no mirar al araucano suelo.
    Hecha la prevención en confianza
por una y otra parte ocultamente,
con iguales designios y esperanza
aunque con hado y suerte diferente.
Veis aquí a Pran, que solo y a la usanza
de los mitayos indios diligentes,
cargado con un haz de blanco trigo
viene a buscar al alevoso amigo,
    que a la salida de su rancho estaba
mirando a los caminos ocupado,
pareciéndole ya que se pasaba
el tiempo del concierto aún no llegado.
Tanto ya la maldad le aceleraba
de una furia maligna espoleado,
que siempre en lo que mucho se desea
no hay brevedad que dilación no sea.
    Llegado Pran, le aseguró de cierto
que la gente en dos tercios dividida
había el murado sitio descubierto,
sin ser de nadie vista ni sentida.
Y con paso callado y gran concierto,

doméstica, ordenada y recogida
los pechos y las armas arrastrando,
venía derecha al fuerte caminando.

Con muestra del designio diferente
dio Andresillo señal de su alegría,
diciendo que sin duda nuestra gente
ya según su costumbre dormiría;
luego, disimulada y quietamente,
sin más se detener, de compañía
entraron en el fuerte preparado
el falso engañador y el engañado.

Vieron en sus estancias recogidos
todos los oficiales y soldados,
sobre sus lechos, sin dormir dormidos,
con aviso y cuidado descuidados;
los arneses acá desguarnecidos,
los caballos allá desensillados
todo de industria al parecer revuelto,
en un mudo silencio y sueño envuelto.

Visto el reposo, Pran, visto el sosiego
y poca guardia que en el fuerte había,
alegre dello tanto cuanto ciego
en no ver la sospecha que traía,
sin detenerse un solo punto, luego
por una corta senda que él sabía,
haciendo de sus pies y aliento prueba,
fue a dar al campo la esperada nueva.

Apenas había el bárbaro traspuesto,
cuando Andresillo en tono levantado
dijo: «¡Oh fuertes soldados, en quien puesto
está el fin de la guerra deseado!
Tomad las vencedoras armas presto
y romped el silencio ya escusado
saliendo a toda priesa, porque os digo

que a las puertas tenéis al enemigo».
Marinero jamás tan diligente
de entre la vedijosa bernia salta
cuando los gritos del piloto siente
y la borrasca súbita le asalta,
como nosotros, que ligeramente,
oyendo de Andresillo la voz alta,
de los toldos con ímpetu salimos
y a las vecinas armas acudimos.

Quién al usado peto arremetía,
quién encaja la gola y la celada
quién ensilla el caballo y quién salía
con arcabuz, con lanza o con espada;
fue en un punto la gruesa artillería
a las abiertas puertas asestada,
llenos de tiros mil, de mil maneras,
los traveses, cortinas y troneras.

Puesta en orden la plaza y encargado
según el puesto a cada cual su oficio,
el silencio importante encomendado
trabó las lenguas y aquietó el bullicio,
quedando aquel presidio tan callado,
que la gente extramuros de servicio,
visto el sosiego y gran quietud, juzgaba
que todo en igual sueño reposaba.

No fue Pran en el curso negligente,
pues apenas estábamos armados,
cuando los enemigos de repente
se descubrieron cerca por dos lados.
Venían tan escondida y sordamente,
bajas las armas y ellos inclinados,
que entraran, si la vista ya no fuera
más presta que el oído y más ligera.

Como el cursado cazador que tiene

la caza y el lugar reconocido,
que poco a poco el cuerpo bajo viene
entre la yerba y matas escondido:
ya apresura el andar, ya le detiene,
mueve y asienta el paso sin ruido
hasta ponerse cerca y encubierto
donde pueda hacer el tiro cierto,
   con no menor silencio y mayor tiento
los encubiertos indios parecieron
y sobre nuestro fuerte en un momento
a treinta y menos pasos se pusieron,
de do sin són de trompa ni instrumento
en callado tropel arremetieron
más de dos mil en número a las puertas,
con más cuidado que descuido abiertas.

   No sé con qué palabras, con qué gusto
este sangriento y crudo asalto cuente,
y la lástima justa y odio justo,
que ambas cosas concurren juntamente.
El ánimo ahora humano, ahora robusto
me suspende y me tiene diferente,
que si al piadoso celo satisfago,
condeno y doy por malo lo que hago.

   Si del asalto y ocasión me alejo,
dentro della y del fuerte estoy metido;
si en este punto y término lo dejo,
hago y cumplo muy mal lo prometido;
así dudoso el ánimo y perplejo,
destos juntos contrarios combatido,
lo dejo al otro canto reservado,
que de consejo estoy necesitado.

Canto XXXII

Arremeten los araucanos el fuerte; son rebatidos con miserable estrago de su parte. Caupolicán se retira a la sierra deshaciendo el campo. Cuenta don Alonso de Ercilla, a ruego de ciertos soldados, la verdadera historia y vida de Dido

Excelente virtud, loable cosa
de todos dignamente celebrada
es la clemencia ilustre y generosa,
jamás en bajo pecho aposentada;
por ella Roma fue tan poderosa,
y más gentes venció que por la espada,
domó y puso debajo de sus leyes
la indómita cerviz de grandes reyes.

No consiste en vencer solo la gloria
ni está allí la grandeza y excelencia
sino en saber usar de la vitoria,
ilustrándola más con la clemencia.
El vencedor es digno de memoria
que en la ira se hace resistencia
y es mayor la vitoria del clemente,
pues los ánimos vence juntamente.

Y así no es el vencedor tan glorioso
del capitán cruel inexorable,
que cuanto fuere menos sanguinoso
tanto será mayor y más loable;
y el correr del cuchillo riguroso
mientras dura la furia es disculpable,
mas pasado, después, a sangre fría,
es venganza, crueldad y tiranía.

La mucha sangre derramada ha sido
(si mi juicio y parecer no yerra)
la que de todo en todo ha destruido
el esperado fruto desta tierra;

pues con modo inhumano han excedido
de las leyes y términos de guerra,
haciendo en las entradas y conquistas
crueldades inormes nunca vistas.
  Y aunque ésta en mi opinión dellas es una,
la voz común en contra me convence
que al fin en ley de mundo y de fortuna
todo le es justo y lícito al que vence.
Mas dejada esta plática importuna,
me parece ya tiempo que comience
el crudo estrago y excesivo modo,
en parte justo, y lastimoso en todo.
  Dejé el bárbaro campo sobre el fuerte
en medio del furor y arremetida,
y la callada y encubierta muerte
de mil géneros de armas prevenida.
Llevado, pues, del hado y dura suerte
con presto paso y con fatal corrida,
emboca por la puerta y falsa entrada
el gran tropel de gente amontonada.
  ¡Dios sempiterno, qué fracaso estraño,
qué riza, qué destrozo y batería
hubo en la triste gente, que al engaño
ciega, pensando de engañar, venía!
¿Quién podrá referir el grave daño,
la espantosa y tremenda artillería,
el ñublado de tiros turbulento
que descargó de golpe en un momento?
  Unos vieran de claro atravesados,
otros llevados la cabeza y brazos,
otros sin forma alguna machucados,
y muchos barrenados de picazos;
miembros sin cuerpos, cuerpos desmembrados,
lloviendo lejos trozos y pedazos,

hígados, intestinos, rotos huesos,
entrañas vivas y bullentes sesos.
Como la estrecha bien cebada mina
cuando con grande estrépito revienta,
que la furia del fuego repentina,
las torres vuela y máquinas avienta,
con más estruendo y con mayor ruina
la fuerza de la pólvora violenta
voló y hizo pedazos en un punto
cuanto del escuadrón alcanzó junto.
La mudable sin ley cruda fortuna
despedazó el ejército araucano,
no habiendo un solo tiro ni arma alguna
que errase el golpe ni cayese en vano.
Nunca se vio morir tantos a una
y así, aunque yo apresure más la mano,
no puedo proseguir, que me divierte
tanto golpe, herida, tanta muerte.
Aún no eran bien los tiros disparados
cuando por verse fuera en campo raso,
los caballos a un tiempo espoleados
rompen la entrada y ocupado paso,
y en los segundos indios, que ovillados
estaban como atónitos del caso,
hacen riza y mayor carnicería
que pudiera hacer la artillería.
Quién aquéste y aquél alanceando
abre sangrienta y ancha la salida,
quién a diestro y siniestro golpeando
priva a aquéstos y a aquéllos de la vida;
no hay ánimo ni brazo allí tan blando
que no cale y ahonde la herida,
ni espada de tan grueso y boto filo
que no destile sangre hilo a hilo.

Quisiera aquí despacio figurallos,
y figurar las formas de los muertos:
unos atropellados de caballos,
otros los pechos y cabeza abiertos,
otros que era gran lástima mirallos,
las entrañas y sesos descubiertos,
vieran otros deshechos y hechos piezas,
otros cuerpos enteros sin cabezas.

Las voces, los lamentos, los gemidos,
el miserable y lastimoso duelo,
el rumor de las armas y alaridos
hinchen el aire y cóncavo del cielo;
luchando con la muerte los caídos
se tuercen y revuelcan por el suelo,
saliendo a un mismo tiempo tantas vidas
por diversos lugares y heridas.

Ya que libre dejó el súbito espanto
al embaucado Pran, que estaba fuera,
visto el destrozo cierto, y falso cuanto
el traidor de Andresillo le dijera,
la pena y sentimiento pudo tanto
que aunque escaparse el mísero pudiera,
en medio de las armas desarmado
a morir se arrojó desesperado.

Mas los últimos indios venturosos
a los cuales llegó solo el estruendo,
volviendo las espaldas presurosos
muestran las plantas de los pies huyendo;
los nuestros, del alcance deseosos,
en carrera veloz los van siguiendo,
hiriendo y derribando en los postreros
los menos diligentes y ligeros.

Pero algunos valientes, que estimaban
la ganada opinión más que la vida,

volviendo el pecho y armas refrenaban
el ímpetu de muchos y corrida;
y aunque con grande esfuerzo peleaban,
era presto la guerra difinida,
que la furiosa muerte allí su espada
traía de entrambos cortes afilada.
　Como en el ya revuelto cielo, cuando
se forman por mil partes los ñublados
que van unos creciendo, otros menguando,
otros luego de nuevo levantados;
mas el norueste frígido soplando
los impele y arroja amontonados
hasta buscar del ábrego el reparo,
dejando el cielo raso y aire claro,
　así la gente atónita y turbada
en partes dividida se esparcía,
y a las veces juntándose, esforzada,
haciendo cuerpo y rostro revolvía.
Pero de la violencia arrebatada,
dejó el campo y banderas aquel día,
quedando de los rotos escuadrones
gran número de muertos y prisiones.
　Deshechos, pues, del todo y destruidos,
y acabado el alcance y seguimiento,
los presos y despojos repartidos,
volvimos al dejado alojamiento
donde trece caciques elegidos
para ejemplar castigo y escarmiento,
a la boca de un grueso tiro atados,
fueron, dándole fuego, justiciados.
　Muchos habrá de preguntar ganosos
si en el montón y número de gente
algunos de los indios valerosos
fueron muertos allí confusamente;

pues en todos los hechos peligrosos
Rengo, Orompello y Tucapel valiente
iban delante en la primera hilera,
abriendo siempre el paso y la carrera.

Respondo a esto, Señor, que no venía
capitán ni cacique señalado,
visto que el General usado había
de fraude y trato entrellos reprobado,
diciendo ser vileza y cobardía
tomar al enemigo descuidado,
y vitoria sin gloria y alabanza
la que por bajo término se alcanza.

Así que una arrogancia generosa
los escapó del trance y muerte cruda,
que ninguno por ruego ni otra cosa
quiso en ello venir ni dar ayuda,
teniendo por hazaña vergonzosa
vencer gente sin armas y desnuda:
que el peligro en la guerra es el que honra
y el que vence sin él, vence sin honra.

Quedó Caupolicán desta jornada
roto, deshecho y falto de pujanza,
que fue mucha la sangre derramada
y poca de su parte la venganza:
el cual viendo la turba amedrentada
y el ardor resfriado y la esperanza,
deshizo el campo entonces conveniente,
dando licencia a la cansada gente.

Quísose entretener mientras pasaba
de los contrarios hados la corrida,
conociendo de sí que peleaba
con cansada fortuna envejecida.
Así la gente en partes derramaba
con orden que estuviese apercebida

en cualquiera ocasión y movimiento,
para el primer aviso y mandamiento.

Y con solos diez hombres retirado,
gente de confianza y valentía,
ora en el monte inculto, ora en poblado,
desmintiendo los rastros parecía,
y en lugares ocultos alojado
jamás gran tiempo en una residía,
usando de su bárbara insolencia
por tenerlos en miedo y obediencia.

Nosotros en su incierto rastro a tino
andábamos haciendo mil jornadas,
no dejando lugar circunvecino
que no diésemos salto y trasnochadas.
Y en los más apartados del camino
hallábamos las casas ocupadas
de gente forajida de la tierra
que ya andaba huyendo de la guerra,

diciendo que de grado volvería
a sus yermas estancias y heredades,
pero que el General los compelía
usando de inhumanas crueldades;
y si en esto remedio se ponía,
llanas estaban ya las voluntades
para dejar las armas los soldados,
de la prolija guerra quebrantados.

Y aunque esto era fingido, gran cuidado
se puso en inquirir toda la tierra,
no quedando lugar inhabitado,
monte, valle, ribera, llano y sierra
donde no fuese el bárbaro buscado;
mas por bien ni por mal, por paz ni guerra,
aunque todo con todos lo probamos,
jamás señal, ni lengua dél hallamos.

No amenaza, castigo ni tormento
pudo sacar noticia o rastro alguno,
ni caricia, interés ni ofrecimiento
jamás a corromper bastó a ninguno;
andábamos atónitos y a tiento,
según la variedad de cada uno,
de día, de noche, acá y allá perdidos,
del sueño y de las armas afligidos.

Saliendo yo a correr la tierra un día
por caminos y pasos desusados,
llevando por escolta y compañía
una escuadra de pláticos soldados
dimos en una oculta ranchería
de domésticos indios ausentados,
que por ser grande el bosque y la distancia
tomaron por segura aquella estancia.

Sobre un haz de arrancada yerba estaba
en la cabeza una mujer herida,
moza que de quince años no pasaba,
de noble traje y parecer, vestida.
Y en la color quebrada se mostraba
la falta de la sangre, que esparcida
por la delgada y blanca vestidura,
la lástima aumentaba y hermosura.

Pregunté qué ocasión la había traído
a lugar tan estraño y apartado,
cómo y por qué razón la habían herido
y de inhumana crueldad usado.
Ella, con rostro y ánimo caído
y el tono del hablar debilitado,
me dijo: «Es cosa cierta y prometida
la muerte triste tras la alegre vida.

Porque entiendas el dejo y desvarío
que el humano contento trae consigo,

aún no es cumplido un mes que el padre mío,
usando de privado amor conmigo,
me dio esposo elegido a mi albedrío,
esposo y juntamente grande amigo,
tal y de tantas partes, que yo creo
que en él hallara término el deseo.
　　Pero su esfuerzo raro y valentía,
que della por estremo era dotado,
le trujo a la temprana muerte el día
que fue nuestro escuadrón despedazado,
donde cerca de mí, que le seguía,
un tiro le pasó por el costado,
que fuera menos crudo y más derecho
si abriera antes el paso por mi pecho.
　　Cayó muerto, quedando yo con vida,
vida más enojosa que la muerte;
mas viéndome un soldado así afligida
(en parte condolido de mi suerte)
me dio, por acabarme, esta herida
con brazo aunque piadoso no tan fuerte
que mi espíritu suelto le siguiese
y un bien tras tanto mal me sucediese.
　　Dio conmigo en el suelo fácilmente
aunque no me privó de mi sentido,
pasando el golpe y furia de la gente
en confuso tropel con gran ruido.
Pero luego un cacique mi pariente,
que en un hoyo al pasar quedó escondido,
en brazos me sacó del gran tumulto
trayéndome a este bosque y sitio oculto
　　«donde espero morir cada momento;
mas ya como esperado bien se tarda,
que es costumbre ordinaria del contento,
no acabar de llegar a quien le aguarda.

Y aunque ya de mi vida al fin me siento,
conmigo el cielo término no guarda,
ni la llamada muerte y tiempo viene,
que mi deseo la impide y la detiene.
    La vida así me cansa y aborrece,
viendo muerto a mi esposo y dulce amigo,
que cada hora que vivo me parece
que cometo maldad, pues no le sigo;
y pues el tiempo esta ocasión me ofrece,
usa tú de piedad, señor, conmigo,
acabando hoy aquí lo que el soldado
dejó por flojo brazo comenzado».
    Así la triste joven luego, luego
demandaba la muerte, de manera
que algún simple de lástima a su ruego
con bárbara piedad condecendiera.
Mas yo, que un tiempo aquel rabioso fuego
labró en mi inculto pecho, viendo que era
más cruel el amor que la herida,
corrí presto al remedio de la vida.
    Y habiéndola algún tanto consolado,
y traído a que viese claramente
que era el morir remedio condenado
y para el muerto esposo impertinente,
con el zumo de yerbas aplicado
(medicina ordinaria desta gente)
le apreté la herida lastimosa,
no tanto cuanto grande, peligrosa.
    Dejando pues un prático ladino
para que poco a poco la llevase,
y en los tomados pasos y camino
del peligro al pasar la asegurase,
partir a mi jornada me convino;
mas primero que della me apartase

supe que se llamaba Lauca y que era
hija de Millalauco y heredera.
   La vuelta del presidio caminando
sin hallar otra cosa de importancia,
iba con los soldados platicando
de la fe de las indias y constancia
de muchas (aunque bárbaras) loando
el firme amor y gran perseverancia,
pues no guardó la casta Elisa Dido
la fe con más rigor a su marido.
   Mas un soldado joven, que venía
escuchando la plática movida,
diciendo me atajó que no tenía
a Dido por tan casta y recogida,
pues en la Eneyda de Marón vería
que del amor libídino encendida,
siguiendo el torpe fin de su deseo
rompió la fe y promesa a su Sicheo.
   Visto, pues, el agravio tan notable
y la objeción siniestra del soldado,
por el gran testimonio incompensable,
a la casta fenisa levantado,
pareciéndome cosa razonable
mostrarle que en aquello andaba errado
él y todos los más que me escuchaban
que en la misma opinión también estaban,
   les dije que, queriendo el Mantuano
hermosear su Eneas floreciente
porque César Augusto Octaviano
se preciaba de ser su decendiente,
con Dido usó de término inhumano
infamándola injusta y falsamente,
pues vemos por los tiempos haber sido
Eneas cien años antes que fue Dido.

Quedaron admirados en oírme,
que así Virgilio a Dido disfamase,
haciendo instancia todos en pedirme
que su vida y discurso les contase.
Yo pensando también con divertirme,
que la cuerda el trabajo algo aflojase,
los quise complacer y también quiero
daros aquí razón de mí primero:
　　Cuento una vida casta, una fee pura
de la fama y voz pública ofendida,
en esta no pensada coyuntura
por raro ejemplo y ocasión traída,
y una falsa opinión que tanto dura
no se puede mudar tan de corrida,
ni del rudo común, mal informado,
arrancar un error tan arraigado.
　　Y pues de aquí al presidio yo no hallo
cosa que sea de gusto ni contento,
sin dejar de picar siempre al caballo,
ni del tiempo perder solo un momento,
no pudiendo eximirme ni escusallo
por ser historia y agradable el cuento,
quiero gastar en él, si no os enfada,
este rato y sazón desocupada.
　　Que el áspero sujeto desabrido,
tan seco, tan estéril y desierto,
y el estrecho camino que he seguido,
a puros brazos del trabajo abierto,
a término me tienen reducido
que busco anchura y campo descubierto
donde con libertad, sin fatigarme,
os pueda recrear y recrearme.
　　Viendo que os tiene sordo y atronado
el rumor de las armas inquieto,

siempre en un mismo ser continuado,
sin mudar són ni variar sujeto,
por espaciar el ánimo cansado
y ser el tiempo cómodo y quieto,
hago esta digresión, que a caso vino
cortada a la medida del camino.
    Y pues una ficción impertinente
que destruye una honra es bien oída,
y a la reina de Tiro injustamente
infama y culpa su inculpable vida,
la verdad, que es la ley de toda gente,
por quien es en su honor restituida,
¿por qué no debe ser, siendo cantada,
en cualquiera sazón bien escuchada?
    Que la causa mayor que me ha movido
(demás de ser cual veis importunado)
es el honor de la constante Dido,
inadvertidamente condenado.
Preste, pues, atención y grato oído
quien a oír la verdad es inclinado,
que el mal ofende (aun dicho en pasatiempo)
y para decir bien siempre es buen tiempo.
    Cartago antes que Roma fue fundada
setenta años contados comúnmente
por Dido, ilustre reina, venerada
por diosa un tiempo de la tiria gente.
Del rey Belo su padre fue casada
con el sumo Pontífice asistente
del gran templo de Alcides, el cual era
después del Rey la dignidad primera.
    Éste es aquel Siqueo ya nombrado,
a quien Dido guardó la fe inviolable,
varón sabio en sus ritos y abastado
de bienes y tesoro inestimable.

Mas lo que para alivio había allegado
fue causa de su muerte miserable;
que, en fin, lo que codicia mucha gente
ninguno lo posee seguramente.
  Dejó Belo dos hijos herederos,
uno Pigmaleón y el otro Dido,
a quien en los consejos postrimeros
encargó la hermandad y amor unido;
lo cual, aunque duró los días primeros,
de cudicia el hermano corrompido
por haber los tesoros del cuñado,
le dio la muerte envuelta en un bocado.
  Sintió, pues, la mujer su muerte tanto
que no bastando a resistir la pena,
soltó con doloroso y fiero llanto
de lágrimas un flujo en larga vena,
y cubriendo de triste y negro manto
los bellos miembros y la faz serena,
con pompa funeral cerimoniosa
dio al cuerpo sepultura sumptuosa.
  Y aunque del casto amor notable indicio
fue el soberbio sepulcro y monumento,
no igualó en la grandeza el edificio
al dolor de la Reina y sentimiento;
que siempre con devoto sacrificio
y continuos sollozos y lamento
llamando al sordo espíritu, hacía
a las frías cenizas compañía,
  diciendo: «¿Es justo, dioses, que yo quede
en este solitario apartamiento?
¡Ay!, que de tibia fe y amor procede
no acabar de matarme el sentimiento;
el mal no es grande que sufrir se puede
y corto al que no basta sufrimiento;

mas quiere el cielo dilatar mi muerte
porque dure el dolor, más que ella fuerte».
    Aunque el odio y rencor disimulaba
contra el pérfido hermano poderoso,
venganza al cielo sin cesar clamaba
con ira muda y con gemir rabioso,
y cuando sola a ratos se hallaba,
desfogando aquel ímpetu bascoso
soltaba, con un bajo són gimiendo,
la reprimida rabia y voz, diciendo:
    «Traidor, dime ¿qué caso irremediable
debajo de hermandad y ley fingida
a maldad te movió tan detestable
contra tu misma sangre cometida?
Si fue sed de riquezas insaciable,
quitárasle el tesoro y no la vida,
templando tu impiedad y furia insana
el amor y respeto de tu hermana.
    «Si no miraste, ingrato, al beneficio
que dél como cuñado recebías,
miraras al nefario sacrificio
que del hermano de tu madre hacías,
y al malvado y horrendo maleficio
en tu pecho forjado tantos días,
pues no podrás decir que fue acidente,
que nunca nadie es malo de repente.
    «Si de tu inorme intento y desatino
me hubieras con indicios advertido,
no por tan duro y áspero camino
el tesoro alcanzaras pretendido;
mas el mal cuando viene por destino
no puede ser a tiempo prevenido.
¡Ay!, ¿qué aprovecha el lamentarme ahora?,
que siempre es tarde ya cuando se llora.

¿Por qué, fiero enemigo, así quisiste
dejarte arrebatar de tu deseo,
tan ciego de codicia, que no viste
que matabas a Dido con Sicheo?
Materia de maldad al mundo diste
con un hecho atrocísimo y tan feo,
que durará en los siglos por memoria
de tu traición la abominable historia.

«¿Cabe en razón, es cosa permitida,
que, siendo tú traidor, siendo tirano,
perverso, atroz, sacrílego, homicida,
tengas con estos nombres el de hermano?
Y viéndome contigo convenida,
mi crédito andará de mano en mano
padeciendo mi honor agravio injusto:
que no dice la fama cosa al justo.

Mas si huyo de ti, fiero enemigo,
te irrito a que me sigas, pues que huyo.
Si a mi marido en la fortuna sigo,
todo lo que pretendes queda tuyo.
Si habiéndole tú muerto estoy contigo,
mancho la fama y mi opinión destruyo,
que en parte ya parece que consiente
quien perdona ligera y fácilmente.

¿Qué medio he de buscar a mal tan fuerte
que el cielo ni la tierra no le tiene,
y aquel forzoso y último, mi suerte
(porque padezca más) me le detiene?
¡Ay!, que si es malo desear la muerte,
es peor el temerla, si conviene;
que no es pena el morir a los cuitados
sino fin de las penas y cuidados.

«Mas ya que el ser tú rey y recatado
la venganza legítima me impida,

procuraré atajar tu fin dañado
con muestra doble y hermandad fingida;
y cuando pienses verte apoderado,
quedarás con mi súbita partida
sin hermana, tesoro y sin derecho
y con la infamia del inorme hecho».
    Así la triste Reina dolorosa
sobre el rico sepulcro lamentando,
pasaba vida triste y soledosa
la venganza y el tiempo deseando.
Pero de alguna fuerza recelosa,
de su prudencia y discreción usando,
doméstica, amorosa y blandamente
al hermano escribió, que estaba ausente,
    haciéndole entender que ya cansada
del llanto y soledad que padecía
en aquellos palacios y morada
do tuvo un tiempo alegre compañía,
de la triste memoria lastimada,
dando algún vado a su dolor, quería
irse con él poniendo fin al lloro
con todas sus riquezas y tesoros;
    para lo cual secreta y prestamente,
una fornida flota le enviase,
donde con todo su tesoro y gente
en arribando al puerto se embarcase
porque con el seguro conveniente
el mar que estaba en medio atravesase,
que era solo el temido impedimento
de su esperado y último contento.
    Llegada, pues, la nueva al ambicioso
rey de aquello que tanto deseaba,
viendo que al fin y puerto venturoso
sus cosas la fortuna encaminaba,

alegre más que nunca y codicioso,
luego una gruesa flota despachaba
de naves y galeras, bastecida
de gente, de regalos y comida.
    Llegó al puerto la flota deseada
con presta y no pensada diligencia,
do la gente del Rey desembarcada
fue luego a dar a Dido la obediencia,
que mostrando placer de su llegada,
con loable cuidado y providencia
hizo luego hospedar toda la gente
espléndida, cumplida y largamente.
    En siendo tiempo, la cuidosa Dido
a su gente mandó que se aprestase,
y con alarde y público ruido
los empacados muebles embarcase,
haciendo que de noche y escondido
en su nave al tesoro se cargase
con tan grande secreto, que ninguno
tuvo dello noticia o rastro alguno.
    Tenía sesenta cajas prevenidas,
llenas de gruesa arena y aplomadas,
de fuertes cerraduras guarnecidas,
con dobles planchas de metal herradas;
éstas fueron en público traídas
donde a vista de todos embarcadas
daban muestra que en ellas iba el oro,
las joyas, las riquezas y tesoro.
    Luego Elisa, con tierno sentimiento
del lastimado pueblo se embarcaba,
dando presto la vela al manso viento
que favorable en popa respiraba.
La nave con sereno movimiento
el llano y sosegado mar cortaba,

comenzando a seguir toda la flota
de la alta capitana la derrota.
　　Aquella noche y el siguiente día
corrió con viento próspero la armada,
mas ya que el mar las costas encubría
y del todo se vio Dido engolfada,
la noble y obediente compañía
al borde de su nave congregada,
hizo en torno allegar la demás gente,
que a la vista también fuese presente,
　　diciéndoles con pecho valeroso,
que su designio y pretensión no era
ir al injusto hermano cauteloso,
de quien era enemiga verdadera,
porque con trato y término alevoso
debajo de hermandad y fe sincera,
movido de sacrílego deseo
había dado la muerte a su Sicheo.
　　Por donde ella también, no asegurada
de sus secretos fraudes y traiciones,
quería dejar la cara patria amada,
su reino, su morada y posesiones,
y al mar dudoso y vientos entregada
buscar nuevas provincias y regiones,
adonde con seguro viviría
lejos de su dominio y tiranía.
　　Y pues que sus riquezas habían sido
la causa de su daño y perdimiento
matándole por ellas el marido,
y lo serían quizá del seguimiento,
todas consigo las había traído
con voluntad y resoluto intento
de echarlas en el mar, do pereciesen,
porque jamás a su poder viniesen.

Hizo luego sacar allí tras esto
los cofres del arena barreados
y con alarde y auto manifiesto
en el profundo mar fueron lanzados;
los ministros del Rey con triste gesto,
atónitos, confusos y turbados
se miraban, teniendo por estraña
de la animosa Reina la hazaña.

Y por el grave caso discurriendo
que mudos y espantados los tenía,
la furia del Rey mozo conociendo,
que el perdido tesoro aumentaría,
suspensos y medrosos, no sabiendo
qué razón o descargo bastaría
a que el airado Rey no los culpase
y en ellos su furor no ejecutase.

Pues como la entendida Reina viese
camino y coyuntura aparejada
por do a su devoción se redujese
la gente del hermano amedrentada,
antes que el tiempo y la tardanza diese
lugar a alguna novedad pensada,
haciendo sosegar toda la gente,
les dijo, prosiguiendo, lo siguiente:

«Amigos, que del firme intento mío
habéis visto a los ojos ya la prueba,
y cómo la fortuna a su albedrío
errando por el ancho mar me lleva,
podréis volver, si ya no es desvarío,
a dar al Rey la desabrida nueva
del tesoro anegado, y mi huida
a tierra y a región no conocida.

Pero ya conocéis por esperiencia
su irreparable furia acelerada,

que viendo que volvéis a su presencia
sin el tesoro y prenda deseada,
descargará con bárbara impaciencia
sobre vuestra cerviz la mano airada,
sin escuchar descargo ni disculpa,
añadiendo maldad y culpa a culpa.
    Y pues es de temer la tiranía
y el ímpetu de un mozo rey airado
que así del caro reino y patria mía
a buscar nuevas tierras me ha sacado,
quien quisiere seguir mi compañía
no se verá de mí desamparado,
mas de todo el provecho y bien que espero
será participante y compañero.
    El lugar y aparejo es oportuno,
y para haber consejo me remueve
así que, pues sois sabios, cada uno
elija de dos males el más leve.
Si al Rey volvéis no ha de escapar ninguno,
y este dolor y lástima me mueve
a quereros rogar que vais conmigo
por no ser yo la causa del castigo.
    Las muertes figurad y crueldades
que en vosotros habrán de esecutarse;
no miréis a las casas y heredades,
que todo por la vida es bien dejarse,
que en fortunas y grandes tempestades
solo en lo que se escapa ha de pensarse,
conociendo que están todos los bienes
sujetos a peligros y vaivenes».
    A las razones de la Reina atentos
los turbados ministros estuvieron,
y en la perpleja mente y pensamientos
mil cosas en un punto revolvieron;

al cabo (aunque diversos los intentos),
todos de un parecer se resolvieron
de seguirla hasta el fin en su viaje
dándole la obediencia y vasallaje.
  La fe con juramento establecida,
sin que ninguno dellos rehusase,
dando vela a la flota detenida,
mandó Dido que a Cipro enderezase,
donde graciosamente recebida,
como allí su designio declarase,
llevó del ciprioto pueblo amigo
ochenta mozas vírgenes consigo
  para a tiempo casarlas con la gente
que en su servicio y devoción llevaba,
buscando alguna tierra conveniente
donde fundar un pueblo deseaba:
así la vía de la África al poniente
con favorable viento navegaba.
Mas forzoso será, según me siento,
dividir en dos partes este cuento.

Canto XXXIII

Prosigue don Alonso la navegación de Dido hasta que llegó a Biserta; cuenta cómo fundó a Cartago y la causa por qué se mató. También se contiene en este canto la prisión de Caupolicán

Muchos entran con ímpetu y corrida
por la carrera de virtud fragosa,
y dan en la del vicio más seguida,
de donde es el volver difícil cosa.
El paso es llano y fácil la salida
de la vida reglada a la anchurosa
y más agrio el camino y ejercicio
del vicio a la virtud, que della al vicio.

Así Pigmaleón había tenido
señales de virtud en su crianza,
y con grandes principios prometido
de justo y liberal buena esperanza,
pero de la codicia pervertido,
hizo en breve sazón tan gran mudanza,
que no solo de bienes fue avariento,
pero inhumano, pérfido y sangriento.

Lo cual nos dice bien la alevosía
de la secreta muerte del cuñado
que alegre y contentísimo vivía
en la ley de hermandad asegurado;
mayormente que entonces parecía
el Rey a la virtud aficionado,
que no hay maldad más falsa y engañosa
que la que trae la muestra virtuosa.

Ésta no le salió como pensaba
sino al contrario en todo y diferente,
pues no solo no vio lo que esperaba
pero perdió las naves y la gente.
La reina viento en popa navegaba,

como dije, la vuelta del poniente,
tocando con sus naves y galeras
en algunas comarcas y riberas.

Torció el curso a la diestra bordeando
de las vadosas Sirtes recelosa,
y a vista de Licudia, atravesando,
corrió la costa de África arenosa;
y siempre tierra a tierra navegando,
pasó por entre el Ciervo y Lampadosa,
llegando en salvo a Túnez con la armada,
por el fatal decreto allí guiada.

Donde viendo el capaz y fértil suelo
de frutíferas plantas adornado
y el aire claro y el sereno cielo
clemente al perecer y muy templado,
perdido del hermano ya el recelo
por verle tan distante y apartado,
quiso fundar un pueblo de cimiento,
haciendo en él su habitación y asiento;

para lo cual trató luego de hecho
con los vecinos que en el sitio había
le vendiesen de tierra tanto trecho
cuanto un cuero de buey circundaría.
Los moradores, viendo que provecho
de su contratación se les seguía,
con la Reina en el precio convenidos,
hicieron sus asientos y partidos.

Hecha la paga, el sitio señalado,
mandó Dido buscar con diligencia
un grande y grueso buey que, desollado,
hizo estirar el cuero en su presencia;
y en tiras sutilísimas cortado,
tanto trecho tomó, que a la prudencia
de la Reina sagaz y aviso estraño,

le quisieron poner nombre de engaño.
Pero recompensó la demasía
dejándolos contentos y pagados,
descubriendo a los suyos que traía
los ocultos tesoros escapados;
que usado del ardid y astucia había
de los cofres de arena al mar lanzados
porque, cuando el hermano lo supiese,
faltando la ocasión, no la siguiese.
Corregidas las faltas y defectos
al orden de vivir perjudiciales,
fueron por la prudente Reina electos
cónsules, magistrados y oficiales;
y traídos maestros arquitectos,
juntos los necesarios materiales,
dio principio la Reina valerosa
a la labor de la ciudad famosa.
Fue la ciudad por orden fabricada,
mostrándose los hados más propicios,
en breve ennoblecida y ilustrada
de sumptuosos y altos edificios;
y la nueva república ordenada,
leyes instituyó, criando oficios
con que el pueblo en razón se mantuviese
y en paz y orden política viviese.
Y por el gran valor y entendimiento
con que el pueblo obediente gobernaba,
iba siempre el concurso en crecimiento
y los términos cortos dilataba;
así que el trato y agradable asiento
los ánimos y gustos provocaba,
viniendo a avecindarse muchas gentes,
de tierras y lugares diferentes;
  y como en esos tiempos aún no había

la invención del papel después hallada,
que en pieles de animales se escribía,
y era cualquiera piel carta llamada,
del cual nombre aún usamos hoy en día,
así aquella ciudad edificada
en el lugar por una piel medido,
de carta la llamó Cartago Dido.
    Hízose en poco tiempo tan famosa
y de tanta grandeza y eminencia,
que era cosa de ver maravillosa
el trato de las gentes y frecuencia,
mostrando aquella Reina valerosa
en gobernar el pueblo tal prudencia,
que muchos otros príncipes y reyes
de su nueva ciudad tomaron leyes.
    Y aunque era tal su ser, tal su cordura,
que por diosa vinieron a tenella,
ninguna de su tiempo en hermosura
pudo ponerse al paragón con ella.
Así que por milagro de natura
como cosa no vista iban a vella,
que no sé en las idólatras del suelo,
a quien mayores partes diese el cielo.
    Grandes matronas hubo que animosas
por la fama a la muerte se entregaron,
otras que por hazañas milagrosas
las opresas repúblicas libraron;
pero todas perfetas tantas cosas
como en Dido, en ninguna se juntaron:
fue rica, fue hermosa, fue castísima,
sabia, sagaz, constante y prudentísima.
    Llegó luego la voz desto al oído
del franco Yarbas, rey musilitano,
mozo brioso y de valor, temido

en todo el ancho término africano;
el cual con juvenil furia movido
de un impaciente y nuevo amor lozano,
a la Reina despacha embajadores,
de su consejo y reino los mayores,
   pidiéndole que en pago del tormento
que por ella pasaba cada hora,
quisiese con felice casamiento
de su persona y reino ser señora;
donde no, que con justo sentimiento
(como de tan gran rey despreciadora)
sobre ella con ejército vendría
y su gente y ciudad asolaría.

   Hecha, pues, la embajada en el Senado,
que no quiso la reina estar presente,
les fue a los senadores intimado
el ruego y la amenaza juntamente.
Causóles turbación, considerado
el casto voto y vida continente
que la constante Reina profesaba
que al intento de Yarbas repugnaba.

   Luego que los ancianos entendieron
la demanda de Yarbas arrogante,
llevar por artificio pretendieron
el negocio difícil adelante;
así que ante la Reina parecieron
con triste rostro y tímido semblante,
bajos los ojos, la color turbada,
mostrando desplacer con la embajada,

   diciéndole: «Sabrás que habiendo oído
Yarbas tu buen gobierno y regimiento
por la parlera fama encarecido
y desta tu ciudad el crecimiento,
de una loable pretensión movido,

pide, que, sin algún detenimiento,
veinte de tu consejo más instrutos
vayan a reformar sus estatutos.
    Y siendo de sufrir áspera cosa,
impropia a nuestra edad y profesiones,
dejar la patria cara y paz sabrosa
por ir a incultas tierras y naciones
a corregir de gente sediciosa
las costumbres y viejas condiciones,
todos sus consejeros los rehúsan,
y con causas legítimas se escusan.
    Viendo que el caro y último sosiego
sin esperanza de volver perdemos,
y no condecendiendo al impio ruego
en gran peligro la ciudad ponemos,
pues con grueso poder y armada luego
al indignado joven Rey tendremos,
para asolar a hierro y fiera llama
tu pueblo insigne y celebrada fama.
    «Esto es, en suma, lo que Yarbas pide
con ruegos de amenaza acompañados,
pero nuestra cansada edad lo impide,
y las leyes nos hacen jubilados;
pues no es razón, si por razón se mide,
que de largos trabajos quebrantados
dejemos nuestras casas y manida
en el último tercio de la vida.
    «Si a los peligros en la edad primera
por adquirir honor nos arrojamos,
es bien que en la cansada postrimera
gocemos del descanso que ganamos,
y a nuestra abandonada cabecera,
al tiempo incierto de morir, tengamos
quien nos cierre los ojos con ternura

y dé a nuestras cenizas sepultura.
 «Y pues tiene de ser en tu presencia
esta perjudicial demanda puesta,
conviene que con maña y advertencia
te prevengas de medios y respuesta,
atajando tu seso y providencia
el mal que el mauritano Rey protesta,
de modo que la paz y amor conserves
y de nuevos trabajos nos reserves».
 Estuvo atenta allí la reina Elisa
a la compuesta habla artificiosa,
y con alegre rostro y grave risa,
aunque sentía en el ánimo otra cosa,
a todos los trató y miró de guisa
tan agradable, blanda y amorosa,
que si en verdad la relación pasara,
de sus casas y quicios los sacara,
 diciendo: «Amigos caros, que a los hados
jamás os vi tan rendidos vez alguna
y en los grandes peligros esforzados
hicistes siempre rostro a la fortuna:
¿cómo de tantas prendas olvidados
en tan justa ocasión, por solo una
breve incomodidad de una jornada
queréis ver vuestra patria arruinada?
 Es a todos común, a todos llano,
que debe (como miembro y parte unida)
poner por su ciudad el ciudadano
no solo su descanso, mas la vida,
y por razón y por derecho humano
de justa deuda natural debida,
a posponer el hombre está obligado
por el sosiego público el privado.
 «¡Al alto y grande Júpiter pluguiera

que bastara ofrecer la vida mía,
que presto el judicioso mundo viera
cuán voluntariamente la ofrecía!
Y pues habéis pasado la carrera
por tan estrecha y trabajosa vía,
no es bien que al rematar tan largo trecho
borréis y deshagáis cuanto habéis hecho».

Visto los senadores cómo Dido
(por el camino de razón llevada)
en el armado lazo había caído,
en sus mismas palabras enredada,
cambiando en rostro alegre el afligido,
las manos altas y la voz alzada,
le dicen: «Todos juntos como estamos
tus urgentes razones aprobamos.

Justamente, Señora, sentenciaste,
sacándonos de duda y grande aprieto,
que no hay razón tan eficaz que baste
contra la autoridad de tu decreto;
y porque tiempo en esto no se gaste,
es bien que te aclaremos el secreto
pues por ningún respeto ni avenencia
puedes contravenir a tu sentencia.

Sabrás, Reina, que Yarbas no te envía
por tus ancianos viejos impedidos,
que en todo buen gobierno y policía
tiene su reino y pueblos corregidos.
Solo quiere tu gracia y compañía,
ofreciéndote en dote mil partidos,
con útiles y honrosas condiciones
y un infinito número de dones.

Advierte que, si a caso no acetares
el santo conyugal ayuntamiento,
y con errado acuerdo despreciares

su larga voluntad y ofrecimiento,
harás que el hierro y llamas militares
asuelen a Cartago de cimiento,
así que en tu eleción y a tu escogida
queda la guerra o paz comprometida.
  Que si el buen ciudadano alegremente
debe ofrecerse por la patria amiga,
con más razón y fuerza más urgente
como cabeza a ti la ley te obliga,
y no puedes con causa suficiente
dejar de redemir nuestra fatiga,
dándonos con el tiempo prosperado
la sucesión y fruto deseado.
  Cuando a seguir estés determinada
el casto infrutuoso presupuesto,
mira a tus pies esta ciudad prostrada
y al inocente cuello el lazo puesto,
que por ti renunció la patria amada,
debajo de promesa y de protesto
que al descanso y quietud que pretendías
el sosiego común antepondrías».
  Sintió la Reina tanto al improviso
la gran demanda y condición propuesta,
que por más que encubrir la pena quiso,
della el rostro señal dio manifiesta.
Mas con su discreción y grande aviso,
suspendiendo algún tanto la respuesta,
soltó la voz serena y sosegada
que la gran turbación tenía trabada,
  diciéndoles: «Amigos, yo quisiera
para que todo escándalo se evite,
que responderos luego yo pudiera
antes que Yarbas más nos necesite.
Pero el negocio y caso es de manera

que mi estado y grandeza no permite
que me resuelva a responder tan presto
aunque os parezca a todos que es honesto.

Que es mostrar liviandad y demás deso,
falto a la obligación y fe que debo
si del intento casto y voto espreso
a la primera persuasión me muevo,
borrando el inviolable sello impreso
de mi primero amor con otro nuevo;
así que combatida de contrarios,
son el tiempo y consejo necesarios.

Tres meses pido, amigos, solamente
para acordar lo que se debe en esto,
y dar satisfación de mí a la gente
en no determinarme así tan presto;
que el libertado vulgo maldiciente
aun quiere calumniar lo que es honesto;
y como instituidores de las leyes,
tienen más ojos sobre sí los reyes.

Yarbas no se dará por enemigo
en cuanto el fin de los tres meses llega,
y pasado este término me obligo
de responderle grata a lo que ruega.
Tomar, pues, menos plazo del que digo
mi honestidad y estimación lo niega
y no conviene a Dido dar disculpa,
que es indicio de error y arguye culpa».

Cerróse aquí la Reina, y fue forzado
hacer con los de Yarbas nuevo asiento,
que aguardasen el tiempo señalado
para determinar el casamiento;
los cuales, por el ruego del Senado
y el gracioso hospedaje y tratamiento,
quedaron en Cartago aquellos días

con grandes regocijos y alegrías.
Y aunque el Senado en la demanda instaba
por el provecho y general sosiego,
la Reina la respuesta dilataba
dando gratos oídos a su ruego;
y entre tanto en secreto aparejaba
lo que tenía pensado desde luego,
que era acabar la vida miserable,
primero que mudar la fe inmudable.
Llegado aquel funesto último día,
el pueblo en la ancha plaza congregado,
ricamente la Reina se vestía,
subiendo en un esento y alto estrado,
al pie del cual una hoguera había
para la inmola y sacrificio usado,
de donde a los atentos circunstantes
les dijo las palabras semejantes:
Tres meses pido, amigos, solamente
para acordar lo que se debe en esto,
y dar satisfación de mí a la gente
en no determinarme así tan presto;
que el libertado vulgo maldiciente
aun quiere calumniar lo que es honesto;
y como instituidores de las leyes,
tienen más ojos sobre sí los reyes.
Yarbas no se dará por enemigo
en cuanto el fin de los tres meses llega,
y pasado este término me obligo
de responderle grata a lo que ruega.
Tomar, pues, menos plazo del que digo
mi honestidad y estimación lo niega
y no conviene a Dido dar disculpa,
que es indicio de error y arguye culpa».
Cerróse aquí la Reina, y fue forzado

hacer con los de Yarbas nuevo asiento,
que aguardasen el tiempo señalado
para determinar el casamiento;
los cuales, por el ruego del Senado
y el gracioso hospedaje y tratamiento,
quedaron en Cartago aquellos días
con grandes regocijos y alegrías.

Y aunque el Senado en la demanda instaba
por el provecho y general sosiego,
la Reina la respuesta dilataba
dando gratos oídos a su ruego;
y entre tanto en secreto aparejaba
lo que tenía pensado desde luego,
que era acabar la vida miserable,
primero que mudar la fe inmudable.

Llegado aquel funesto último día,
el pueblo en la ancha plaza congregado,
ricamente la Reina se vestía,
subiendo en un esento y alto estrado,
al pie del cual una hoguera había
para la inmola y sacrificio usado,
de donde a los atentos circunstantes
les dijo las palabras semejantes:

No lamentéis mi muerte anticipada
pues el cielo la aprueba y soleniza,
que una breve fatiga y muerte honrada,
asegura la vida y la eterniza.
Que si el cuchillo de la Parca airada
al que quiere vivir le atemoriza,
no os debe de pesar si Dido muere,
pues vive el que se mata cuanto quiere.

A Dios, a Dios, amigos, que ya os veo
libres y a mi marido satisfecho...»
Y no les dijo más con el deseo

que tenía de acabar el fiero hecho.
Así, llamando el nombre de Sicheo,
se abrió con un puñal el casto pecho,
dejándose caer de golpe luego
sobre las llamas del ardiente fuego.
Fue su muerte sentida en tanto grado
que gran tiempo en Cartago la lloraron,
y en memoria del caso señalado,
un sumptuoso templo le fundaron,
donde con sacrificio y culto usado
mientras las cosas prósperas duraron
de aquella su ciudad ennoblecida,
por diosa de la patria fue tenida.
Y aborreciendo el nombre de señores
muerta la memorable reina Dido,
por cien sabios ancianos senadores
de allí adelante el pueblo fue regido;
y creciendo el concurso y moradores
vino a ser poderoso y tan temido
que un tiempo a Roma en su mayor grandeza
le puso en gran trabajo y estrecheza.
Éste es el cierto y verdadero cuento
de la famosa Dido disfamada,
que Virgilio Marón sin miramiento,
falsó su historia y castidad preciada
por dar a sus ficiones ornamento;
pues vemos que esta reina importunada,
pudiéndose casar y no quemarse,
antes quemarse quiso que casarse.
Iban todos atentos escuchando
el estraño suceso peregrino,
cuando al fuerte llegamos, acabando
la historia juntamente y el camino.
Y en él aquella noche reposando,

venida la mañana nos convino
procurar de tener con diligencia
del buscado enemigo inteligencia.

   Mas un indio que a caso inadvertido,
fue de una escolta nuestra prisionero,
hombre en las muestras de ánimo atrevido,
suelto de manos y de pies ligero
con promesas y dádivas vencido,
dijo: «Yo me resuelvo y me profiero
de daros llanamente hoy en la mano
al grande General Caupolicano.

   En un áspero bosque y espesura,
nueve millas de Ongolmo desviado,
está en un sitio fuerte por natura
de ciénagas y fosos rodeado,
donde por ser la tierra tan segura
anda de solos diez acompañado,
hasta que vuestra próspera creciente
aplaque el gran furor de su corriente.

   Por una estrecha y desusada vía,
sin que pueda haber dello sentimiento,
seré en la noche escura yo la guía,
llevando vuestra gente en salvamento;
y antes que se descubra el claro día
daréis en el oculto alojamiento,
donde cumplir del todo yo me obligo,
pena de la cabeza, lo que digo».

   Fue la razón del mozo bien oída,
viéndole en su promesa tan constante
y así luego una escuadra prevenida
de gente experta y número bastante
para toda sospecha apercebida,
llevando al indio amigo por delante,
salió a la prima noche en gran secreto,

con paso largo y caminar quieto.
    Por una senda angosta e intricada,
subiendo grandes cuestas y bajando,
del solícito bárbaro guiada,
iba a paso tirado caminando;
mas la escura tiniebla adelgazada
por la vecina aurora, reparando
junto a un arroyo y pedregosa fuente,
volvió el indio diciendo a nuestra gente:
    Yo no paso adelante, ni es posible
seguir este camino comenzado,
que el hecho es grande y el temor terrible
que me detiene el paso acobardado,
imaginando aquel aspecto horrible
del gran Caupolicán contra mí airado,
cuando venga a saber que solo he sido
el soldado traidor que le ha vendido.
    Por este arroyo arriba, que es la guía
aunque sin rastro alguno ni vereda,
daréis presto en el sitio y ranchería
que está en medio de un bosque y arboleda;
y antes que aclare el ya vecino día,
os dad priesa a llegar, porque no pueda
la centinela descubrir del cerro
vuestra venida oculta y mi gran yerro.
    Yo me vuelvo de aquí pues he cumplido
dejándoos, como os dejo, en este puesto,
adonde salvamente os he traído
poniéndome a peligro manifiesto;
y pues al punto justo habéis venido,
os conviene dar priesa y llegar presto,
que es irrecuperable y peligrosa
la pérdida del tiempo en toda cosa.
    Y si sienten rumor desta venida,

el sitio es ocupado y peñascoso,
fácil y sin peligro la huida
por un derrumbadero montuoso:
mirad que os daña ya la detenida,
seguid hoy vuestro hado venturoso,
que menos de una milla de camino
tenéis al enemigo ya vecino».

No por caricia, oferta ni promesa
quiso el indio mover el pie adelante,
ni amenaza de muerte o vida o presa
a sacarle del tema fue bastante;
y viendo el tiempo corto y que la priesa
les era a la sazón tan importante,
dejándole amarrado a un grueso pino,
la relación siguieron y camino.

Al cabo de una milla y a la entrada
de un arcabuco lóbrego y sombrío,
sobre una espesa y áspera quebrada
dieron en un pajizo y gran bohío;
la plaza en derredor fortificada
con un despeñadero sobre un río,
y cerca dél, cubiertas de espadañas,
chozas, casillas, ranchos y cabañas.

La centinela en esto, descubriendo
de la punta de un cerro nuestra gente,
dio la voz y señal, apercibiendo
al descuidado general valiente;
pero los nuestros en tropel corriendo
le cercaron la casa de repente,
saltando el fiero bárbaro a la puerta,
que ya a aquella sazón estaba abierta.

Mas viendo el paso en torno embarazado
y el presente peligro de la vida,
con un martillo fuerte y acerado

quiso abrir a su modo la salida;
y alzándole a dos manos, empinado,
por dalle mayor fuerza a la caída,
topó una viga arriba atravesada
do la punta encarnó y quedó trabada;
    pero un soldado a tiempo atravesando
por delante, acercándose a la puerta,
le dio un golpe en el brazo, penetrando
los músculos y carne descubierta;
en esto el paso el indio retirando,
visto el remedio y la defensa incierta,
amonestó a los suyos que se diesen,
y en ninguna manera resistiesen.
    Salió fuera sin armas, requiriendo
que entrasen en la estancia asegurados,
que eran pobres soldados, que huyendo
andaban de la guerra amedrentados;
y así con priesa y turbación, temiendo
ser de los forajidos salteados,
a la ocupada puerta había salido,
de las usadas armas prevenido.
    Entraron de tropel, donde hallaron
ocho o nueve soldados de importancia
que, rendidas las armas, se entregaron
con muestras aparentes de inorancia.
Todos atrás las manos los ataron
repartiendo el despojo y la ganancia,
guardando al capitán disimulado
con dobladas prisiones y cuidado,
    que aseguraba con sereno gesto
ser un bajo soldado de linaje,
pero en su talle y cuerpo bien dispuesto,
daba muestra de ser gran personaje.
Gastóse algún espacio y tiempo en esto,

tomando de los otros más lenguaje,
que todos contestaban que era un hombre
de estimación común y poco nombre.

    Ya entre los nuestros a gran furia andaba
el permitido robo y grita usada,
que rancho, casa y choza no quedaba
que no fuese deshecha y saqueada,
cuando de un toldo, que vecino estaba
sobre la punta de la gran quebrada,
se arroja una mujer, huyendo apriesa
por lo más agrio de la breña espesa.

    Pero alcanzóla un negro a poco trecho
que tras ella se echó por la ladera,
que era intricado el paso y muy estrecho,
y ella no bien usada en la carrera.
Llevaba un mal envuelto niño al pecho
de edad de quince meses, el cual era
prenda del preso padre desdichado,
con grande estremo dél y della amado.

    Trújola el negro suelta, no entendiendo
que era presa y mujer tan importante;
en esto ya la gente iba saliendo
al tino del arroyo resonante,
cuando la triste palla descubriendo
al marido que preso iba adelante,
de sus insignias y armas despojado,
en el montón de la canalla atado,

    no reventó con llanto la gran pena
ni de flaca mujer dio allí la muestra,
antes de furia y viva rabia llena,
con el hijo delante se le muestra
diciendo: «La robusta mano ajena
que así ligó tu afeminada diestra
más clemencia y piedad contigo usara

si ese cobarde pecho atravesara.
   ¿Eres tú aquel varón que en pocos días
hinchó la redondez de sus hazañas,
que con solo la voz temblar hacías
las remotas naciones más estrañas?
¿Eres tú el capitán que prometías
de conquistar en breve las Españas,
y someter el ártico hemisferio
al yugo y ley del araucano imperio?
   ¡Ay, de mí! ¡Cómo andaba yo engañada
con mi altiveza y pensamiento ufano,
viendo que en todo el mundo era llamada
Fresia, mujer del gran Caupolicano!
Y agora miserable y desdichada
todo en un punto me ha salido vano,
viéndote prisionera en un desierto,
pudiendo haber honradamente muerto.
   ¿Qué son de aquellas pruebas peligrosas,
que así costaron tanta sangre y vidas,
las empresas difíciles dudosas
por ti con tanto esfuerzo acometidas?
¿Qué es de aquellas vitorias gloriosas
de esos atados brazos adquiridas?
¿Todo al fin ha parado y se ha resuelto
en ir con esa gente infame envuelto?
   Dime: ¿faltóte esfuerzo, faltó espada
para triunfar de la mudable diosa?
¿No sabes que una breve muerte honrada
hace inmortal la vida y gloriosa?
Miraras a esta prenda desdichada,
pues que de ti no queda ya otra cosa,
que yo, apenas la nueva me viniera,
cuando muriendo alegre te siguiera.
   Toma, toma tu hijo, que era el ñudo

con que el lícito amor me había ligado;
que el sensible dolor y golpe agudo
estos fértiles pechos han secado.
Cría, críale tú que ese membrudo
cuerpo en sexo de hembra se ha trocado;
que yo no quiero título de madre
del hijo infame del infame padre».

Diciendo esto, colérica y rabiosa,
el tierno niño le arrojó delante,
y con ira frenética y furiosa
se fue por otra parte en el instante.
En fin, por abreviar, ninguna cosa
(de ruegos, ni amenazas) fue bastante
a que la madre ya cruel volviese
y el inocente hijo recibiese.

Diéronle nueva madre y comenzaron
a dar la vuelta y a seguir la vía,
por la cual a gran priesa caminaron
recobrando al pasar la fida guía
que atada al tronco por temor dejaron;
y en larga escuadra al declinar del día
entraron en la plaza embanderada
con gran aplauso y alardosa entrada.

Hízose con los indios diligencia
por que con más certeza se supiese
si era Caupolicán, que su aparencia
daba claros indicios que lo fuese;
pero ni ausente dél ni en su presencia
hubo entre tantos uno que dijese
que era más que un incógnito soldado
de baja estofa y sueldo moderado.

Aunque algunos, después más animados,
cuando en particular los apretaban,
de su cercana muerte asegurados,

el sospechado engaño declaraban.
Pero luego delante dél llevados,
con medroso temblor se retrataban,
negando la verdad ya comprobada,
por ellos en ausencia confesada.
  Mas viéndose apretado y peligroso
y que encubrirse al cabo no podía,
dejando aquel remedio infrutuoso,
quiso tentar el último que había;
y así, llamando al capitán Reynoso,
que luego vino a ver lo que quería,
le dijo con sereno y buen semblante
lo que dirán mis versos adelante.

Canto XXXIV

Habla Caupolicán a Reynoso y, sabiendo que ha de morir, se vuelve cristiano; muere de miserable muerte aunque con ánimo esforzado. Los araucanos se juntan a la eleción del nuevo general. Manda el rey don Felipe levantar gente para entrar en Portugal

¡Oh vida miserable y trabajosa
a tantas desventuras sometida!
¡Prosperidad humana sospechosa
pues nunca hubo ninguna sin caída!
¿Qué cosa habrá tan dulce y tan sabrosa
que no sea amarga al cabo y desabrida?
No hay gusto, no hay placer sin su descuento,
que el dejo, del deleite es el tormento.

Hombres famosos en el siglo ha habido
a quien la vida larga ha deslustrado,
que el mundo los hubiera preferido
si la muerte se hubiera anticipado:
Aníbal desto buen ejemplo ha sido
y el Cónsul que en Farsalia derrocado
perdió por vivir mucho, no el segundo,
mas el lugar primero deste mundo.

Esto confirma bien Caupolicano,
famoso capitán y gran guerrero,
que en el término américo-indiano
tuvo en las armas el lugar primero;
mas cargóle Fortuna así la mano
(dilatándole el término postrero),
que fue mucho mayor que la subida
la miserable y súbita caída.

El cual, reconociendo que su gente
vacilando en la fe titubeaba,
viendo que ya la próspera creciente
de su fortuna apriesa declinaba,

hablar quiso a Reynoso claramente;
que venido a saber lo que pasaba,
presente el congregado pueblo todo,
habló el bárbaro grave deste modo:
   «Si a vergonzoso estado reducido
me hubiera el duro y áspero destino,
y si esta mi caída hubiera sido
debajo de hombre y capitán indino,
no tuve así el brazo desfallecido
que no abriera a la muerte yo camino
por este propio pecho con mi espada,
cumpliendo el curso y mísera jornada;
   «mas juzgándote digno y de quien puedo
recebir sin vergüenza yo la vida
lo que de mí pretendes te concedo
luego que a mí me fuere concedida;
ni pienses que a la muerte tengo miedo,
que aquesa es de los prósperos temida,
y en mí por esperiencia he probado,
cuán mal le está el vivir al desdichado.
   Yo soy Caupolicán, que el hado mío
por tierra derrocó mi fundamento,
y quien del araucano señorío
tiene el mando absoluto y regimiento.
La paz está en mi mano y albedrío
y el hacer y afirmar cualquier asiento
pues tengo por mi cargo y providencia
toda la tierra en freno y obediencia,
   Soy quien mató a Valdivia en Tucapelo,
y quien dejó a Purén desmantelado;
soy el que puso a Penco por el suelo
y el que tantas batallas ha ganado;
pero el revuelto ya contrario cielo,
de vitorias y triunfos rodeado,

me ponen a tus pies a que te pida
por un muy breve término la vida.
   Cuando mi causa no sea justa, mira
que el que perdona más es más clemente
y si a venganza la pasión te tira,
pedirte yo la vida es suficiente.
Aplaca el pecho airado, que la ira
es en el poderoso impertinente;
y si en darme la muerte estás ya puesto,
especie de piedad es darla presto.
      No pienses que aunque muera aquí a tus
manos,
ha de faltar cabeza en el Estado,
que luego habrá otros mil Caupolicanos
mas como yo ninguno desdichado;
y pues conoces ya a los araucanos,
que dellos soy el mínimo soldado,
tentar nueva fortuna error sería
yendo tan cuesta abajo ya la mía.
   Mira que a muchos vences en vencerte,
frena el ímpetu y cólera dañosa:
que la ira examina al varón fuerte,
y el perdonar, venganza es generosa.
La paz común destruyes con mi muerte,
suspende ahora la espada rigurosa,
debajo de la cual están a una
mi desnuda garganta y tu fortuna.
   Aspira a más y a mayor gloria atiende,
no quieras en poca agua así anegarte,
que lo que la fortuna aquí pretende,
solo es que quieras della aprovecharte.
Conoce el tiempo y tu ventura entiende,
que estoy en tu poder, ya de tu parte,
y muerto no tendrás de cuanto has hecho,

sino un cuerpo de un hombre sin provecho.
  Que si esta mi cabeza desdichada
pudiera, ¡oh capitán! satisfacerte,
tendiera el cuello a que con esa espada
remataras aquí mi triste suerte;
pero deja la vida condenada
el que procura apresurar su muerte,
y más en este tiempo, que la mía
la paz universal perturbaría.

  Y pues por la esperiencia claro has visto,
que libre y preso, en público y secreto,
de mis soldados soy temido y quisto,
y está a mi voluntad todo sujeto,
haré yo establecer la ley de Cristo,
y que, sueltas las armas, te prometo
vendrá toda la tierra en mi presencia
a dar al Rey Felipe la obediencia.

  Tenme en prisión segura retirado
hasta que cumpla aquí lo que pusiere;
que yo sé que el ejército y Senado
en todo aprobarán lo que hiciere.
Y el plazo puesto y término pasado,
podré también morir, si no cumpliere:
escoge lo que más te agrada desto,
que para ambas fortunas estoy presto».

  No dijo el indio más, y la respuesta
sin turbación mirándole atendía,
y la importante vida o muerte presta
callando con igual rostro pedía;
que por más que fortuna contrapuesta
procuraba abatirle, no podía,
guardando, aunque vencido y preso, en todo
cierto término libre y grave modo.

  Hecha la confesión, como lo escribo,

con más rigor y priesa que advertencia,
luego a empalar y asaetearle vivo
fue condenado en pública sentencia.
No la muerte y el término excesivo
causó en su gran semblante diferencia,
que nunca por mudanzas vez alguna
pudo mudarle el rostro la fortuna,
    Pero mudóle Dios en un momento,
obrando en él su poderosa mano
pues con lumbre de fe y conocimiento
se quiso baptizar y ser cristiano.
Causó lástima y junto gran contento
al circunstante pueblo castellano,
con grande admiración de todas gentes
y espanto de los bárbaros presentes.
    Luego aquel triste, aunque felice día,
que con solennidad le baptizaron,
y en lo que el tiempo escaso permitía
en la fe verdadera le informaron,
cercado de una gruesa compañía
de bien armada gente le sacaron
a padecer la muerte consentida,
con esperanza ya de mejor vida.
    Descalzo, destocado, a pie, desnudo,
dos pesadas cadenas arrastrando,
con una soga al cuello y grueso ñudo,
de la cual el verdugo iba tirando,
cercado en torno de armas y el menudo
pueblo detrás, mirando y remirando
si era posible aquello que pasaba
que, visto por los ojos, aún dudaba.
    Desta manera, pues, llegó al tablado,
que estaba un tiro de arco del asiento
media pica del suelo levantado,

de todas partes a la vista esento;
donde con el esfuerzo acostumbrado,
sin mudanza y señal de sentimiento,
por la escala subió tan desenvuelto
como si de prisiones fuera suelto.
Puesto ya en lo más alto, revolviendo
a un lado y otro la serena frente,
estuvo allí parado un rato viendo
el gran concurso y multitud de gente,
que el increíble caso y estupendo
atónita miraba atentamente,
teniendo a maravilla y gran espanto
haber podido la fortuna tanto.
Llegóse él mismo al palo donde había
de ser la atroz sentencia ejecutada
con un semblante tal, que parecía
tener aquel terrible trance en nada,
diciendo: «Pues el hado y suerte mía
me tienen esta muerte aparejada,
venga, que yo la pido, yo la quiero
que ningún mal hay grande, si es postrero».
Luego llegó el verdugo diligente,
que era un negro gelofo, mal vestido,
el cual viéndole el bárbaro presente
para darle la muerte prevenido,
bien que con rostro y ánimo paciente
las afrentas de más había sufrido,
sufrir no pudo aquélla, aunque postrera,
diciendo en alta voz desta manera;
«¿Cómo que en cristiandad y pecho honrados
cabe cosa tan fuera de medida,
que a un hombre como yo tan señalado
le dé muerte una mano así abatida?
Basta, basta morir al más culpado,

que al fin todo se paga con la vida;
y es usar deste término conmigo
inhumana venganza y no castigo.
   «¿No hubiera alguna espada aquí de cuantas
contra mí se arrancaron a porfía,
que usada a nuestras míseras gargantas,
cercenara de un golpe aquesta mía?
Que aunque ensaye su fuerza en mí de tantas
maneras la fortuna en este día
acabar no podrá que bruta mano
toque al gran General Caupolicano».
   Esto dicho y alzando el pie derecho
(aunque de las cadenas impedido)
dio tal coz al verdugo que gran trecho
le echó rodando abajo mal herido;
reprehendido el impaciente hecho,
y él del súbito enojo reducido,
le sentaron después con poca ayuda
sobre la punta de la estaca aguda.
   No el aguzado palo penetrante
por más que las entrañas le rompiese
barrenándole el cuerpo, fue bastante
a que al dolor intenso se rindiese:
que con sereno término y semblante,
sin que labrio ni ceja retorciese,
sosegado quedó de la manera
que si asentado en tálamo estuviera.
   En esto, seis flecheros señalados,
que prevenidos para aquello estaban
treinta pasos de trecho, desviados
por orden y de espacio le tiraban;
y aunque en toda maldad ejercitados,
al despedir la flecha vacilaban,
temiendo poner mano en un tal hombre

de tanta autoridad y tan gran nombre.
    Mas Fortuna cruel, que ya tenía
tan poco por hacer y tanto hecho,
si tiro alguno avieso allí salía,
forzando el curso le traía derecho
y en breve, sin dejar parte vacía,
de cien flechas quedó pasado el pecho,
por do aquel grande espíritu echó fuera,
que por menos heridas no cupiera.
    Paréceme que siento enternecido
al mas cruel y endurecido oyente
deste bárbaro caso referido
al cual, Señor, no estuve yo presente,
que a la nueva conquista había partido
de la remota y nunca vista gente;
que si yo a la sazón allí estuviera,
la cruda ejecución se suspendiera.
    Quedó abiertos los ojos y de suerte
que por vivo llegaban a mirarle,
que la amarilla y afeada muerte
no pudo aún puesto allí desfigurarle.
Era el miedo en los bárbaros tan fuerte
que no osaban dejar de respetarle,
ni allí se vio en alguno tal denuedo,
que puesto cerca dél no hubiese miedo.
    La voladora fama presurosa
derramó por la tierra en un momento
la no pensada muerte ignominiosa,
causando alteración y movimiento.
Luego la turba, incrédula y dudosa,
con nueva turbación y desatiento
corre con priesa y corazón incierto
a ver si era verdad que fuese muerto.
    Era el número tanto que bajaba

del contorno y distrito comarcano,
que en ancha y apiñada rueda estaba
siempre cubierto el espacio llano.
Crédito allí a la vista no se daba
si ya no le tocaban con la mano
y aún tocado, después les parecía
que era cosa de sueño o fantasía.

No la afrentosa muerte impertinente
para temor del pueblo esecutada
ni la falta de un hombre así eminente
(en que nuestra esperanza iba fundada)
amedrentó ni acobardó la gente;
antes de aquella injuria provocada
a la cruel satisfación aspira,
llena de nueva rabia y mayor ira.

Unos con sed rabiosa de venganza
por la afrenta y oprobio recebido,
otros con la codicia y esperanza
del oficio y bastón ya pretendido,
antes que sosegase la tardanza
el ánimo del pueblo removido,
daban calor y fuerzas a la guerra
incitando a furor toda la tierra.

Si hubiese de escribir la bravería
de Tucapel, de Rengo y Lepomande,
Orompello, Lincoya y Lebopía,
Purén, Cayocupil y Mareande,
en un espacio largo no podría
y fuera menester libro más grande,
que cada cual con hervoroso afecto
pretende allí y aspira a ser electo.

Pero el cacique Colocolo, viendo
el daño de los muchos pretendientes,
como prudente y sabio conociendo

pocos para el gran cargo suficientes,
su anciana gravedad interponiendo
les hizo mensajeros diligentes
para que se juntasen a consulta
en lugar apartado y parte oculta.

Los que abreviar el tiempo deseaban,
luego para la junta se aprestaron,
y muchos, recelando que tardaban,
la diligencia y paso apresuraron;
otros que a otro camino enderezaban,
por no se declarar no rehusaron,
siguiendo sin faltar un hombre solo
el sabio parecer de Colocolo.

Fue entre ellos acordado que viniesen
solos, a la ligera, sin bullicio,
porque los enemigos no tuviesen
de aquella nueva junta algún indicio,
haciendo que de todas partes fuesen
indios que con industria y artificio
instasen en la paz siempre ofrecida,
con muestra humilde y contrición fingida.

El plazo puesto y sitio señalado
en un cómodo valle y escondido,
la convocada gente del Senado
al término llegó constituido;
y entre ellos Tucapel determinado
do por bien o por mal ser elegido,
y otros que con menores fundamentos,
mostraban sus preñados pensamientos.

Siento fraguarse nuevas disensiones,
moverse gran discordia y diferencia,
hervir con ambición los corazones,
brotar el odio antiguo y competencia;
variar los designios y opiniones

sin manera o señal de conveniencia,
fundando cada cual su desvarío
en la fuerza del brazo y albedrío.
    Entrados, como digo, en el consejo,
los caciques y nobles congregados,
todos con sus insignias y aparejo,
según su antigua preeminencia armados,
Colocolo, sagaz y cauto viejo,
viéndolos en los rostros demudados,
aunque aguardaba a la sazón postrera,
adelantó la voz desta manera.
    Pero si no os cansáis, Señor, primero
que os diga lo que dijo Colocolo,
tomar otro camino largo quiero
y volver el designio a nuestro polo.
Que aunque a deciros mucho me profiero,
el sujeto que tomo basta solo
a levantar mi baja voz cansada
de materia hasta aquí necesitada.
    Mas si me dais licencia yo querría
(para que más a tiempo esto refiera)
alcanzar, si pudiese, a don García
aunque es diversa y larga la carrera;
el cual en el turbado reino había
reformado los pueblos de manera
que puso con solícito cuidado
la justicia y gobierno en buen estado.
    Pasó de Villarrica el fértil llano
que tiene al sur el gran volcán vecino,
fragua (según afirman) de Vulcano,
que regoldando fuego está contino.
De allí volviendo por la diestra mano,
visitando la tierra al cabo vino
al ancho lago y gran desaguadero,

término de Valdivia y fin postrero,
   donde también llegué, que sus pisadas
sin descansar un punto voy siguiendo,
y de las más ciudades convocadas
iban gentes en número acudiendo
pláticas en conquistas y jornadas;
y así el tumulto bélico creciendo
en sordo són confuso ribombaba
y el vecino contorno amedrentaba;
   que arrebatado del ligero viento,
y por la fama lejos esparcido,
hirió el desapacible y duro acento
de los remotos indios el oído;
los cuales, con turbado sentimiento,
huyen del nuevo y fiero són temido
cual medrosas ovejas derramadas
del aullido del lobo amedrentadas.
   Nunca el escuro y tenebroso velo
de nubes congregadas de repente,
ni presto rayo que rasgando el cielo
baja tronando envuelto en llama ardiente,
ni terremoto cuando tiembla el suelo,
turba y atemoriza así la gente,
como el horrible estruendo de la guerra
turbó y amedrentó toda la tierra.
   Quién sin duda publica que ya entraban
destruyendo ganados y comidas;
quién que la tierra y pueblos saqueaban
privando a los caciques de las vidas;
quién que a las nobles dueñas deshonraban
y forzaban las hijas recogidas,
haciendo otros insultos y maldades
sin reservar lugar, sexo ni edades.
   Crece el desorden, crece el desconcierto

con cada cosa que la fama aumenta,
teniendo y afirmando por muy cierto
cuanto el triste temor les representa.
Solo el salvarse les parece incierto
y esto los atribula y atormenta;
allá corren gritando, acá revuelven,
todo lo creen y en nada se resuelven.
Mas luego que el temor desatinado
que la gente llevaba derramada
dejó en ella lugar desocupado
por donde la razón hallase entrada,
el atónito pueblo reportado,
su total perdición considerada,
se junta a consultar en este medio
las cosas importantes al remedio.
Hallóse en este vario ayuntamiento
Tunconabala, plático soldado,
persona de valor y entendimiento,
en la araucana escuela dotrinado,
que por cierta quistión y acaecimiento
de su tierra y parientes desterrados,
se redujo a doméstico ejercicio,
huyendo el trato bélico y bullicio.
El cual, viendo en el pueblo diferente
el miedo grande y confusión que había,
pues sin oír trompeta ni ver gente
le espantaba su misma vocería,
en un lugar capaz y conveniente
junta toda la noble compañía.
Sosegado el rumor y alteraciones,
les comenzó a decir estas razones:
«Escusado es, amigos, que yo os diga
el peligroso punto en que nos vemos
por esta gente pérfida enemiga

que ya, cierto, a las puertas la tenemos;
pues el temor que a todos nos fatiga,
nos apremia y constriñe a que entreguemos
la libertad y casas al tirano,
dándole entrada libre y paso llano.
   «¿A qué fosado muro o antepecho,
a qué fuerza o ciudad, a qué castillo
os podéis retirar en este estrecho,
que baste sola una hora a resistillo?
Si queréis hacer rostro y mostrar pecho,
desnudo le ofrecemos al cuchillo,
pues nos coge esta furia repentina
sin armas, capitán, ni diciplina.
   «Que estos barbudos crueles y terribles
del bien universal usurpadores,
son fuertes, poderosos, invencibles,
y en todas sus empresas, vencedores;
arrojan rayos con estruendo horribles,
pelean sobre animales corredores,
grandes, bravos, feroces y alentados,
de solo el pensamiento gobernados.
   Y pues contra sus armas y fiereza
defensa no tenéis de fuerza o muro,
la industria ha de suplir nuestra flaqueza
y, prevenir con tiempo el mal futuro;
que mostrando doméstica llaneza
les podéis prometer paso seguro,
como a nación vecina y gente amiga,
que la promesa en daño a nadie obliga,
   haciendo en este tiempo limitado
retirar con silencio y buena maña
la ropa, provisiones y ganado
al último rincón de la montaña,
dejando el alimento tan tasado,

que vengan a entender que esta campaña
es estéril, es seca y mal templada,
de gente pobre y mísera habitada.
   Porque estos insaciables avarientos,
viendo la tierra pobre y poca presa,
sin duda mudarán los pensamientos
dejando por inútil esta empresa;
y la falta de gente y bastimentos
los echará deste distrito apriesa,
guiados por la breña y gran recuesto
de do quizá no volverán tan presto.
   Tenéis de Ancud el Paso y estrecheza
cerrado de peñascos y jarales,
por do quiso impedir naturaleza
el trato a los vecinos naturales;
cuya espesura grande y aspereza
aún no pueden romper los animales,
y las aves alígeras del cielo
sienten trabajo en el pasarle a vuelo.
   «Llevados por aquí, sin duda creo
que viendo el alto monte peligroso
corregirán el ímpetu y deseo,
volviendo atrás el paso presuroso.
Y si quieren buscar algún rodeo,
desviarse de aquí será forzoso,
dejando esta región por miserable
libre de su insolencia intolerable.
   Y aunque la libertad y vida mía
sé que corre peligro en el viaje,
con rústica y desnuda compañía
salir quiero a encontrarlos al pasaje,
y fingiendo ignorancia y alegría,
vestido de grosero y pobre traje,
ofrecerles en don una miseria

que arguya y dé a entender nuestra laceria.
   Quizá viendo el trabajo y poco fruto
que se puede esperar de la pobreza,
la estéril tierra y mísero tributo,
el linaje de gente y rustiqueza,
mudarán el intento resoluto
que es de buscar haciendas y riqueza,
haciéndoles volver con maña y arte
las armas y designios a otra parte».
   No acabó su razón el indio cuando
se levantó un rumor entre la gente
el parecer a voces aprobando,
sin mostrarse ninguno diferente;
y así la ejecución apresurando
en lo ya consultado conveniente,
corrieron al efeto, retirados
los muebles, vituallas y ganados.
   Ya el español con la presteza usada
al último confín había venido,
dando remate a la postrer jornada
del límite hasta allí constituido;
y puesto el pie en la raya señalada,
el presuroso paso suspendido,
dijo (si ya escucharlo no os enoja)
lo que el canto dirá, vuelta la hoja.

Canto XXXV

Entran los españoles en demanda de la nueva tierra. Sáleles al paso Tunconabala; persuádeles a que se vuelvan pero viendo que no aprovecha, les ofrece una guía que los lleva por grandes despeñaderos, donde pasaron terribles trabajos

¿Qué cerros hay que el interés no allana
y qué dificultad que no la rompa?
¿Qué pecho fiel, qué voluntad tan sana,
que éste no le inficione y la corrompa?
Destruye el trato de la vida humana,
no hay orden que no altere y la interrompa,
ni estrecha entrada ni cerrada puerta
que no la facilite y deje abierta.

Éste de parentescos y hermandades
desata el ñudo y vínculo más fuerte,
vuelve en enemistad las amistades
y el grato amor en desamor convierte;
inventor de desastres y maldades,
tropella a la razón, cambia la suerte,
hace al hielo caliente, al fuego frío
y hará subir por una cuesta un río.

Así por mil peligros y derrotas,
golfos profundos, mares no sulcados,
hasta las partes últimas ignotas
trujo sin descansar tantos soldados,
y por vías estériles remotas
del interés incitador llevados,
piensan escudriñar cuanto se encierra
en el círculo inmenso de la tierra.

Dije que don García había arribado
con prática y, lucida compañía
al término de Chile señalado
de do nadie jamás pasado había;

y en medio de la raya el pie afirmado,
que los dos nuevos mundos dividía,
presente yo y atento a las señales,
las palabras que dijo fueron tales:
    «Nación a cuyos pechos invencibles
no pudieron poner impedimentos
peligros y trabajos insufribles,
ni airados mares, ni contrarios vientos,
ni otros mil contrapuestos imposibles,
ni la fuerza de estrellas ni elementos,
que rompiendo por todo habéis llegado,
al término de orbe limitado:
    «veis otro nuevo mundo, que encubierto
los cielos hasta agora le han tenido,
el difícil camino y paso abierto
a solo vuestros brazos concedido;
veis de tanto trabajo el premio cierto
y cuanto os ha Fortuna prometido,
que siendo de tan grande empresa autores,
habéis de ser sin límite señores;
    y la parlera fama discurriendo
hasta el extremo y término postrero,
las antiguas hazañas refiriendo
pondrá esta vuestra en el lugar primero;
pues en dos largos mundos no cabiendo,
venís a conquistar otro tercero,
donde podrán mejor sin estrecharse
vuestros ánimos grandes ensancharse.
    Y pues es la sazón tan oportuna
y poco necesarias las razones,
no quiero detener vuestra fortuna,
ni gastar más el tiempo en oraciones.
Sús, tomad posesión todos a una
desas nuevas provincias y regiones,

donde os tienen los hados a la entrada
tanta gloria y riqueza aparejada».
   Luego pues de tropel toda la gente
a la plática apenas detenida,
pisó la nueva tierra libremente,
jamás del estranjero pie batida;
y con orden y paso diligente,
por una angosta senda mal seguida,
en larga retahíla y ordenada,
dimos principio a la primer jornada.
   Caminamos sin rastro algunos días
de solo el tino por el Sol guiados,
abriendo pasos y cerradas vías
rematadas en riscos despeñados;
las mentirosas fugitivas guías
nos llevaron por partes engañados,
que parecía imposible al más gigante
poder volver atrás ni ir adelante.
   Ya del móvil primero arrebatado
contra su curso el Sol hacia el poniente,
al mundo cuatro vueltas había dado
calentando del pez la húmida frente,
cuando al bajar de un áspero collado
vimos salir diez indios de repente
por entre un arcabuco y breña espesa,
desnudos, en montón, trotando apriesa.
   Del aire, de la lluvia y Sol curtidos,
cubiertos de un espeso y largo vello,
pañetes cortos de cordel ceñidos,
altos de pecho y de fornido cuello,
la color y los ojos encendidos,
las uñas sin cortar, largo el cabello,
brutos campestres, rústicos salvajes,
de fieras cataduras y visajes.

Venía un robusto viejo el delantero,
al cual el medio cuerpo le cubría
un roto manto de sayal grosero
que mísera pobreza prometía.
Este, pues, como dije allá primero,
era Tunconabal, que pretendía
mudar nuestros designios y opiniones
con fingidos consejos y razones.
Fuimos luego sobre ellos, recelando
ser gente de montaña fugitiva;
mas ellos, nuestros pasos atajando,
venían a más andar la cuesta arriba,
y al pie de una alta peña reparando
por do un quebrado arroyo se derriba,
todos nos aguardaron sin recelo,
puestas sus flechas y arcos en el suelo.
Luego el anciano a voces y en estraña
lengua de nuestro intérprete entendida
dijo: «¡Oh gente infeliz, a esta montaña
por falso engaño y relación traída,
do la serpiente y áspera alimaña
apenas sustentar pueden la vida,
y adonde el hijo bárbaro nacido
es de incultas raíces mantenido!
«¿Qué información siniestra, qué noticia
incita así vuestro ánimo invencible?
¿Qué dañado consejo o qué malicia
os ha facilitado lo imposible?
Frenad, aunque loable, esa cudicia
que la empresa es difícil y terrible;
y vais sin duda todos engañados
a miserable muerte condenados,
«que cuando no encontréis gente de guerra
que os ponga en el pasaje impedimento,

hallaréis una sierra y otra sierra,
y una espesura y otra y otras ciento,
tanto que la aspereza de la tierra,
por la falta de yerba y nutrimento
y contagión del aire, no consiente
en su esterilidad cosa viviente.
  «Y aunque me veis en bruto transformado
a la silvestre vida reducido,
sabed que ya en un tiempo fui soldado,
y que también las armas he vestido;
así que por la ley que he profesado,
viendo que va este ejército perdido,
la lástima me mueve a aconsejaros
que sin pasar de aquí, queráis tornaros;
  que estas yermas campañas y espesuras
hasta el frígido sur continuadas,
han de ser el remate y sepulturas
de todas vuestras prósperas jornadas.
Mirad destos salvajes las figuras
de quien son como fieras habitadas,
y el fruto que nos dan escasamente,
del cual os traigo un mísero presente».
  En esto, de un fardel de ovas marinas
a la manera de una red tejidas,
sacó diversas frutas montesinas,
duras, verdes, agrestes, desabridas,
carne seca de fieras salvajinas
y otras silvestres rústicas comidas;
langosta al Sol curada y lagartijas,
con mil varias inmundas sabandijas.
  Admirónos la forma y la estrañeza
de aquella gente bárbara notable,
la gran selvatiquez y rustiqueza,
el fiero aspecto y término intratable.

La espesura de montes y aspereza,
y el fruto de aquel suelo miserable,
tierra yerma, desierta y despoblada,
de trato y vecindad tan apartada.
Preguntámosle allí, si prosiguiendo
la tierra, era delante montuosa;
respondiónos el viejo sonriendo
ser más áspera, dura y más fragosa,
y que si así la montaña iba creciendo
que era imposible y temeraria cosa
romper tanta maleza y espesura
puesta allí por secreto de natura.
Pero visto nuestro ánimo ambicioso,
que era de proseguir siempre adelante,
y que el fingido aviso malicioso
a volvernos atrás no era bastante,
con un afecto tierno y amoroso,
mostrando en lo esterior triste semblante,
puesto un rato a pensar, afirmó cierto
haber cerca otro paso más abierto;
que por la banda diestra del poniente
dejando el monte del siniestro lado,
había un rastro, cursado antiguamente,
de la nacida yerba ya borrado,
por do podía pasar salva la gente
aunque era el trecho largo y despoblado,
para lo cual él mismo nos daría
una prática lengua y fida guía.
Fue de nosotros esto bien oído,
que alguna gente estaba ya dudosa,
y el donoso presente recebido,
también la recompensa fue donosa:
un manto de algodón rojo teñido
y una poblada cola de raposa,

quince cuentas de vidrio de colores,
con doce cascabeles sonadores.
La dádiva, del viejo agradecida,
por ser joyas entre ellos estimadas,
y la guía solícita venida
con todas las más cosas aprestadas,
pusimos en efeto la partida
siguiéndonos los indios dos jornadas,
dando vuelta después por otra senda,
dejándonos el indio en encomienda.
La cual nos iba siempre asegurando
gran riqueza, ganado y poblaciones,
los ánimos estrechos ensanchando
con falsas y engañosas relaciones,
diciendo: «Cuando Febo volteando
seis veces alumbrare estas regiones,
os prometo, so pena de la vida,
henchir del apetito la medida».
No sabré encarecer nuestra altiveza,
los ánimos briosos y lozanos,
la esperanza de bienes y riqueza,
las vanas trazas y discursos vanos.
El cerro, el monte, el risco y la aspereza
eran caminos fáciles y llanos,
y el peligro y trabajo exorbitante
no osaban ya ponérsenos delante.
Íbamos sin cuidar de bastimentos
por cumbres, valles hondos, cordelleras,
fabricando en los llenos pensamientos,
máquinas levantadas y quimeras.
Así ufanos, alegres y contentos
pasamos tres jornadas las primeras
pero a la cuarta, al tramontar del día,
se nos huyó la mentirosa guía.

El mal indicio, la sospecha cierta
los ánimos turbó más esforzados
viendo la falsa trama descubierta
y los trabajos ásperos doblados;
mas, aunque sin camino y en desierta
tierra, del gran peligro amenazados
y la hambre y fatiga todo junto,
no pudo detenernos solo un punto.
Pasamos adelante, descubriendo
siempre más arcabucos y breñales,
la cerrada espesura y paso abriendo
con hachas, con machetes y destrales;
otros con pico y azadón rompiendo
las peñas y arraigados matorrales,
do el caballo hostigado y receloso
afirmase seguro el pie medroso.
Nunca con tanto estorbo a los humanos
quiso impedir el paso la natura
y que así de los cielos soberanos,
los árboles midiesen el altura,
ni entre tantos peñascos y pantanos
mezcló tanta maleza y espesura,
como en este camino defendido,
de zarzas, breñas y árboles tejido.
También el cielo en contra conjurado,
la escasa y turbia luz nos encubría
de espesas nubes lóbregas cerrado,
volviendo en tenebrosa noche el día,
y de granizo y tempestad cargado
con tal furor el paso defendía,
que era mayor del cielo ya la guerra
que el trabajo y peligro de la tierra.
Unos presto socorro demandaban
en las hondas malezas sepultados;

otros, «¡ayuda!, ¡ayuda!», voceaban,
en húmidos pantanos atascados;
otros iban trepando, otros rodaban
los pies, manos y rostros desollados,
oyendo aquí y allí voces en vano,
sin poderse ayudar ni dar la mano.
    Era lástima oír los alaridos,
ver los impedimentos y embarazos,
los caballos sin ánimo caídos,
destroncados los pies, rotos los brazos;
nuestros sencillos débiles vestidos
quedaban por las zarzas a pedazos;
descalzos y desnudos, solo armados,
en sangre, lodo y en sudor bañados.
    Y demás del trabajo incomportable,
faltando ya el refresco y bastimento,
la aquejadora hambre miserable
las cuerdas apretaba del tormento;
y el bien dudoso y daño indubitable
desmayaba la fuerza y el aliento,
cortando un dejativo sudor frío,
de los cansados miembros todo el brío.
    Pero luego también considerando
la gloria que el trabajo aseguraba,
el corazón los miembros reforzando,
cualquier dificultad menospreciaba,
y los fuertes opuestos contrastando
todo lo por venir facilitaba,
que el valor más se muestra y se parece
cuando la fuerza de contrarios crece.
    Así, pues, nuestro ejército rompiendo
de solo la esperanza alimentado,
pasaba a puros brazos descubriendo
el encubierto cielo deseado.

Íbanse ya las breñas destejiendo,
y el bosque de los árboles cerrado
desviando sus ramas intricadas
nos daban paso y fáciles entradas.
　Ya por aquella parte, ya por ésta
la entrada de la luz desocupando,
el yerto risco y empinada cuesta
iban sus altas cumbre allanando;
la espesa y congelada niebla opuesta,
el grueso vapor húmido exhalando,
así se adelgazaba y esparcía,
que penetrar la vista ya podía.
　Siete días perdidos anduvimos
abriendo a hierro el impedido paso,
que en todo aquel discurso no tuvimos
do poder reclinar el cuerpo laso.
Al fin una mañana descubrimos
de Ancud el espacioso y fértil raso,
y al pie del monte y áspera ladera
un estendido lago y gran ribera.
　Era un ancho arcipiélago, poblado
de innumerables islas deleitosas,
cruzando por el uno y otro lado
góndolas y piraguas presurosas.
Marinero jamás desesperado
en medio de las olas fluctuosas
con tanto gozo vio el vecino puerto,
como nosotros el camino abierto.
　Luego, pues, en un tiempo arrodillados,
llenos de nuevo gozo y de ternura,
dimos gracias a Dios, que así escapados
nos vimos del peligro y desventura;
y de tantas fatigas olvidados,
siguiendo el buen suceso y la ventura,

con esperanza y ánimo lozano
salimos presto al agradable llano.
   El enfermo, el herido, el estropeado,
el cojo, el manco, el débil, el tullido,
el desnudo, el descalzo, el desgarrado,
el desmayado, el flaco, el deshambrido
quedó sano, gallardo y alentado,
de nuevo esfuerzo y de valor vestido,
pareciéndole poco todo el suelo
y fácil cosa conquistar el cielo.
   Mas con todo este esfuerzo, a la bajada
de la ribera, en partes montuosa,
hallamos la frutilla coronada
que produce la murta virtuosa;
y aunque agreste, montés, no sazonada,
fue a tan buena sazón y tan sabrosa,
que el celeste maná y ollas de Egito
no movieran mejor nuestro apetito.
   Cual banda de langostas enviadas
por plaga a veces del linaje humano,
que en las espigas fértiles granadas
con un sordo rozar no dejan grano,
así pues en cuadrillas derramadas,
suelta la gente por el ancho llano,
dejaba los murtales más copados
de fruta, rama, y hoja despojados.
   A puñados la fruta unos comían
de la hambre aquejados importuna;
otros ramos y hojas engullían,
no aguardando a cogerla una por una.
Quien huye al repartir la compañía,
buscando en lo escondido parte alguna
donde comer la rama desgajada
de las rapaces uñas escapada,

como el montón de las gallinas, cuando
salen al campo del corral cerrado,
aquí y allí solícitas buscando
el trigo de la troj desperdiciado,
que con los pies y picos escarbando,
halla alguna el regojo sepultado,
y alzándose con él, puesta en huida,
es de las otras luego perseguida,
   así aquel que arrebata buena parte,
déste y de aquél aquí y allí seguido,
huyendo se retira luego en parte
donde pueda comer más escondido.
Ninguno, si algo alcanza, lo reparte,
que no era tiempo aquel de ser partido,
ni allí la caridad, aunque la había,
estenderse a los prójimos podía.
   Estando con sabor desta manera
gustando aquella rústica comida,
llegó una corva góndola ligera
de doce largos remos impelida,
que zabordando recio en la ribera,
la chusma diestra y gente apercebida
saltaron luego en tierra sin recato
con muestra de amistad y llano trato.
   Más si queréis saber quién es la gente,
y la causa de haber así arribado,
no puedo aquí decíroslo al presente,
que estoy del gran camino quebrantado.
Así para sazón más conveniente
será bien que lo deje en este estado,
porque pueda entretanto repararme
y os dé menos fastidio el escucharme.

Canto XXXVI

Sale el cacique de la barca a tierra, ofrece a los españoles todo lo necesario para su viaje y prosiguiendo ellos su derrota, les ataja el camino el desaguadero del arcipiélago; atraviésale don Alonso en una piragua con diez soldados; vuelven al alojamiento y de allí por otro camino a la Ciudad Imperial

Quien muchas tierras vee, vee muchas cosas
que las juzga por fábulas la gente;
y tanto cuanto son maravillosas,
el que menos las cuenta es más prudente;
y aunque es bien que se callen las dudosas
y no ponerme en riesgo así evidente,
digo que la verdad hallé en el suelo
por más que afirmen que es subida al cielo.

Estaba retirada en esta parte
de todas nuestras tierras escluida,
que la falsa cautela, engaño y arte
aun nunca habían hallado aquí acogida;
pero dejada esta materia aparte,
volveré con la priesa prometida
a la barca de chusma y gente llena
que bogando embistió recio en la arena

donde un gracioso mozo bien dispuesto
con hasta quince en número venía:
crespo, de pelo negro y blanco gesto,
que el principal de todos parecía,
el cual con grave término modesto
junta nuestra esparcida compañía,
nos saludó cortés y alegremente,
diciendo en lengua estraña lo siguiente:

Hombres o dioses rústicos, nacidos
en estos sacros bosques y montañas,
por celeste influencia producidos

de sus cerradas y ásperas entrañas:
¿por cuál caso o fortuna sois venidos
por caminos y sendas tan estrañas
a nuestros pobres y últimos rincones,
libres de confusión y alteraciones?

Si vuestra pretensión y pensamiento
es de buscar región más espaciosa,
y en la prosecución de vuestro intento
tenéis necesidad de alguna cosa,
toda comodidad y aviamiento
con mano larga y voluntad graciosa
hallaréis francamente en el camino
por todo el rededor circunvecino.

Y si queréis morar en esta tierra,
tierra donde moréis aquí os daremos;
si os aplace y os agrada más la sierra,
allá seguramente os llevaremos;
si queréis amistad, si queréis guerra,
todo con ley igual os lo ofrecemos:
escoged lo mejor que, a elección mía,
la paz y la amistad escogería».

Mucho agradó la suerte, el garbo, el traje
del gallardo mancebo floreciente,
el expedido término y lenguaje
con que así nos habló bizarramente;
el franco ofrecimiento y hospedaje,
la buena traza y talle de la gente,
blanca, dispuesta, en proporción fornida,
de manto y floja túnica vestida;

la cabeza cubierta y adornada
con un capelo en punta rematado
pendiente atrás la punta y derribada,
a las ceñidas sienes ajustado,
de fina lana de vellón rizada

y el rizo de colores variados,
que lozano y vistoso parecía
señal de ser el clima y tierra fría.
    Las gracias le rendimos de la oferta
y voluntad graciosa que mostraba,
ofreciendo también la nuestra cierta,
que a su provecho y bien se enderezaba;
pero al fin nuestra falta descubierta
y lo mal que la hambre nos trataba,
le pedimos refresco y vitualla
debajo de promesa de pagalla.
    Luego con voz y prisa diligente,
vista la gran necesidad que había,
mandó a su prevenida y pronta gente
sacar cuanto en la góndola traía,
repartiéndolo todo francamente
por aquella hambrienta compañía,
sin de nadie acetar solo un cabello,
ni aun querer recebir las gracias dello.
    Esforzados así desta manera,
y también esforzada la esperanza,
se comenzó a marchar por la ribera
según nuestra costumbre, en ordenanza;
y andada una gran legua, en la primera
tierra que pareció cómoda estanza,
cerca del agua, en reparado asiento
hicimos el primer alojamiento.
    No estaba nuestro campo aún asentado
ni puestas en lugar las demás cosas,
cuando de aquella parte y deste lado
hendiendo por las aguas espumosas,
cargadas de maíz, fruta y pescado
arribaron piraguas presurosas,
refrescando la gente desvalida,

sin rescate, sin cuenta ni medida.
La sincera bondad y la caricia
de la sencilla gente destas tierras
daban bien a entender que la cudicia
aún no había penetrado aquellas sierras;
ni la maldad, el robo y la injusticia
(alimento ordinario de las guerras)
entrada en esta parte habían hallado
ni la ley natural inficionado.
Pero luego nosotros, destruyendo
todo lo que tocamos de pasada,
con la usada insolencia el paso abriendo
les dimos lugar ancho y ancha entrada;
y la antigua costumbre corrompiendo,
de los nuevos insultos estragada,
plantó aquí la cudicia su estandarte
con más seguridad que en otra parte.
Pasada aquella noche, el día siguiente,
la nueva por las islas estendida,
llegados dos caciques juntamente
a dar el parabién de la venida
con un largo y espléndido presente
de refrescos y cosas de comida
y una lanuda oveja y dos vicuñas
cazadas en la sierra a puras uñas.
Quedábanse suspensos y admirados
de ver hombres así no conocidos,
blancos, rubios, espesos y barbados,
de lenguas diferentes y vestidos.
Miraban los caballos alentados
en medio de la furia corregidos
y más los espantaba el fiero estruendo
del tiro de la pólvora estupendo.
Llevábamos el rumbo al sur derecho

la torcida ribera costeando,
siguiendo la derrota del Estrecho
por los grados la tierra demarcando.
Pero cuanto ganábamos de trecho,
iba el gran arcipiélago ensanchado,
descubriendo a distancias desviadas
islas en grande número pobladas.
Salían muchos caciques al camino
a vernos como a cosa milagrosa,
pero ninguno tan escaso vino
que no trujese en don alguna cosa:
quién el vaso capaz de nácar fino,
quién la piel del carnero vedijosa,
quién el arco y carcaj, quién la bocina,
quién la pintada concha peregrina.
Yo, que fui siempre amigo e inclinado
a inquirir y saber lo no sabido,
que por tantos trabajos arrastrado
la fuerza de mi estrella me ha traído,
de alguna gente moza acompañado
en una presta góndola metido,
pasé a la principal isla cercana,
al parecer de tierra y gente llana.
Vi los indios, y casas fabricadas
de paredes humildes y techumbres,
los árboles y plantas cultivadas,
las frutas, las semillas y legumbres;
noté dellos las cosas señaladas,
los ritos, ceremonias y costumbres,
el trato y ejercicio que tenían
y la ley y obediencia en que vivían.
Entré en otras dos islas, paseando
sus pobladas y fértiles orillas,
otras fui torno a torno rodeando

cercado de domésticas barquillas,
de quien me iba por puntos informando
de algunas nunca vistas maravillas,
hasta que ya la noche y fresco viento
me trujo a la ribera en salvamento.

    Pues otro día que el campo caminaba,
que de nuestro viaje fue el tercero,
habiendo ya tres horas que marchaba
hallamos por remate y fin postrero
que el gran lago en el mar se desaguaba
por un hondo y veloz desaguadero,
que su corriente y ancha travesía
el paso por allí nos impedía.

    Cayó una gran tristeza, un gran nublado
en el ánimo y rostro de la gente,
viendo nuestro camino así atajado
por el ancho raudal de la creciente;
que los caballos de cabestro a nado
no pudieran romper la gran corriente,
ni la angosta piragua era bastante
a comportar un peso semejante;

    y volver pues atrás, visto el terrible
trabajo intolerable y excesivo,
tenían según razón por imposible
poder llegar en salvo un hombre vivo;
quedar allí era cosa incompatible
y temerario el ánimo y motivo
de proseguir el comenzado curso
contra toda opinión y buen discurso.

    Viendo nuestra congoja y agonía
un joven indio, al parecer ladino
alegre se ofreció que nos daría
para volver otro mejor camino;
fue excesiva en algunos la alegría,

y así dar vuelta luego nos convino,
que ya el rígido invierno a los australes
comenzaba a enviar recias señales.
   Mas yo, que mis designios verdaderos
eran de ver el fin desta jornada,
con hasta diez amigos compañeros,
gente gallarda, brava y arriscada,
reforzando una barca de remeros
pasé el gran brazo y agua arrebatada,
llegando a zabordar, hechos pedazos,
a puro remo y fuerza de los brazos.
   Entramos en la tierra algo arenosa,
sin lengua, y sin noticia, a la ventura,
áspera al caminar y pedregosa,
a trechos ocupada de espesura;
mas visto que la empresa era dudosa
y que pasar de allí sería locura,
dimos la vuelta luego a la piragua,
volviendo atravesar la furiosa agua.
   Pero yo por cumplir el apetito
que era poner el pie más adelante,
fingiendo que marcaba aquel distrito,
cosa al descubridor siempre importante,
corrí una media milla do un escrito
quise dejar para señal bastante,
y en el tronco que vi de más grandeza
escribí con un cuchillo en la corteza:
   Aquí llegó, donde otro no ha llegado,
don Alonso de Ercilla, que el primero
en un pequeño barco deslastrado,
con solos diez pasó el desaguadero
el año de cincuenta y ocho entrado
sobre mil y quinientos, por hebrero,
a las dos de la tarde, el postrer día,

volviendo a la dejada compañía.

Llegando, pues, al campo, que aguardando
para partir nuestra venida estaba,
que el riguroso invierno comenzando,
la desierta campaña amenazaba,
el indio amigo prático guiando,
la gente alegre el paso apresuraba,
pareciendo el camino, aunque cerrado,
fácil con la memoria del pasado.

Cumplió el bárbaro isleño la promesa
que siempre en su opinión estuvo fijo,
y por una encubierta selva espesa
nos sacó de la tierra, como dijo.
Voy pasando por esto a toda priesa,
huyendo cuanto puedo el ser prolijo
que aunque lo fueron mucho los trabajos,
es menester echar por los atajos.

A la Imperial llegamos, do hospedados
fuimos de los vecinos generosos
y de varios manjares regalados
hartamos los estómagos golosos.
Visto, pues, en el pueblo así ayuntados
tantos gallardos jóvenes briosos
se concertó una justa y desafío
donde mostrase cada cual su brío.

Turbó la fiesta un caso no pensado
y la celeridad del juez fue tanta,
que estuve en el tapete, ya entregado
al agudo cuchillo la garganta.
El inorme delito exagerado
la voz y fama pública le canta,
que fue solo poner mano a la espada
nunca sin gran razón desenvainada.

Este acontecimiento, este suceso

fue forzosa ocasión de mi destierro,
teniéndome después gran tiempo preso
por remendar con éste el primer yerro;
mas aunque así agraviado, no por eso
(armado de paciencia y duro hierro)
falté en alguna acción y correría
sirviendo en la frontera noche y día.

Hubo allí escaramuzas sanguinosas,
ordinarios rebatos y emboscadas,
encuentros y refriegas peligrosas,
asaltos y batallas aplazadas,
raras estratagemas engañosas,
astucias y cautelas nunca usadas,
que aunque fueron en parte de provecho,
algunas nos pusieron en estrecho.

Mas después del asalto y gran batalla
de la albarrada de Quipeo temida,
donde fue destrozada tanta malla
y tanta sangre bárbara vertida,
fortificado el sitio y la muralla,
aceleré mi súbita partida;
que el agravio, más fresco cada día,
me estimulaba siempre y me roía.

Y en un grueso barcón, bajel de trato,
que velas altas de partida estaba,
salí de aquella tierra y reino ingrato
que tanto afán y sangre me costaba;
y sin contraste alguno ni rebato,
con el austro que en popa nos soplaba,
costa a costa y a veces engolfado
llegué al Callao de Lima celebrado.

Estuve allí hasta tanto que la entrada
por el gran Marañón hizo la gente,
donde Lope de Aguirre en la jornada,

más que Nerón y Herodes inclemente,
pasó tantos amigos por la espada
y a la querida hija juntamente,
no por otra razón y causa alguna
mas de para morir juntos a una.
    Y aunque más de dos mil millas había
de camino, por partes despoblado,
luego de allí por mar tomé la vía,
a más larga carrera acostumbrado,
y a Panamá llegué, do el mismo día
la nueva por el aire había llegado
del desbarate y muerte del tirano,
saliendo mi trabajo y priesa en vano.
    Estuve en Tierra Firme detenido
por una enfermedad larga y estraña
mas luego que me vi convalecido,
tocando en las Terceras, vine a España,
donde no mucho tiempo detenido,
corrí la Francia, Italia y Alemaña,
a Silesia, y Moravia hasta Posonia,
ciudad, sobre el Danubio, de Panonia.
    Pasé y volví a pasar estas regiones
y otras y otras por ásperos caminos;
traté y comuniqué varias naciones,
viendo cosas y casos peregrinos,
diferentes y estrañas condiciones,
animales terrestres y marinos,
tierras jamás del cielo rociadas,
y otras a eterna lluvia condenadas.
    ¿Cómo me he divertido y voy apriesa
del camino primero desviado?
¿Por qué así me olvidé de la promesa
y discurso de Arauco comenzado?
Quiero volver a la dejada empresa

si no tenéis el gusto ya estragado;
mas yo procuraré deciros cosas
que valga por disculpa el ser gustosas.

Volveré a la consulta comenzada
de aquellos capitanes señalados,
que en la parte que dije diputada
estaban diferentes y encontrados;
contaré la elección tan porfiada,
y cómo al fin quedaron conformados;
los asaltos, encuentros y batallas,
que es menester lugar para contallas.

¿Qué hago, en qué me ocupo, fatigando
la trabajada mente y los sentidos,
por las regiones últimas buscando
guerras de ignotos indios escondidos
y voy aquí en las armas tropezando,
sintiendo retumbar en los oídos
un áspero rumor y són de guerra
y abrasarse en furor toda la tierra?

Veo toda la España alborotada
envuelta entre sus armas vitoriosas,
y la inquieta Francia ocasionada
descoger sus banderas sospechosas;
en la Italia y Germanía desviada
siento tocar las cajas sonorosas,
allegándose en todas las naciones,
gentes, pertrechos, armas, municiones.

Para decir tan grande movimiento
y el estrépito bélico y ruido
es menester esfuerzo y nuevo aliento
y ser de vos, Señor, favorecido;
mas ya que el temerario atrevimiento
en este grande golfo me ha metido,
ayudado de vos, espero cierto

llegar con mi cansada nave al puerto.

Que si mi estilo humilde y compostura
me suspende la voz amedrentada,
la materia promete y me asegura
que con grata atención será escuchada.

Y entre tanto, Señor, será cordura
pues he de comenzar tan gran jornada,
recoger el espíritu inquieto
hasta que saque fuerzas del sujeto.

Canto XXXVII

En este último canto se trata cómo la guerra es de derecho de las gentes, y se declara el que el rey don Felipe tuvo al reino de Portugal, juntamente con los requerimientos que hizo a los portugueses para justificar más sus armas

Canto el furor del pueblo castellano
con ira justa y pretensión movido,
y el derecho del reino lusitano
a las sangrientas armas remitido.
La paz, la unión, el vínculo cristiano
en rabiosa discordia convertido,
las lanzas de una parte y otra airadas
a los parientes pechos arrojadas.

La guerra fue del cielo derivada
y en el linaje humano transferida,
cuando fue por la fruta reservada
nuestra naturaleza corrompida.
Por la guerra la paz es conservada
y la insolencia humana reprimida,
por ella a veces Dios el mundo aflige,
le castiga, le emienda y le corrige;

por ella a los rebeldes insolentes
oprime la soberbia y los inclina,
desbarata y derriba a los potentes
y la ambición sin término termina;
la guerra es de derecho de las gentes
y el orden militar y diciplina
conserva la república y sostiene,
y las leyes políticas mantiene.

Pero será la guerra injusta luego
que del fin de la paz se desviare,
o cuando por venganza o furor ciego,
o fin particular se comenzare;

pues ha de ser, si es público el sosiego,
pública la razón que le turbare:
no puede un miembro solo en ningún modo
romper la paz y unión del cuerpo todo;
    que así como tenemos profesada
una hermandad en Dios y ayuntamiento,
tanto del mismo Cristo encomendada
en el último eterno Testamento,
no puede ser de alguno desatada
esta paz general y ligamiento,
si no es por causa pública o querella
y autoridad del rey defensor della.
    Entonces como un ángel sin pecado,
puesta en la causa universal la mira,
puede tomar las armas el soldado
y en su enemigo esecutar la ira;
y cuando algún respeto o fin privado
le templa el brazo, encoge y le retira,
demás de que en peligro pone el hecho,
peca y ofende al público derecho.
    Por donde en justa guerra permitida
puede la airada vencedora gente
herir, prender, matar en la rendida
y hacer al libre, esclavo y obediente:
que el que es señor y dueño de la vida,
lo es ya de la persona y justamente
hará lo que quisiere del vencido,
que todo al vencedor le es concedido.
    Y pues en todos tiempos y ocasiones
por la causa común, sin cargo alguno,
en batallas formadas y escuadrones
puede usar de las armas cada uno,
por las mismas legítimas razones
es lícito el combate de uno a uno,

a pie, a caballo, armado, desarmado,
ora sea campo abierto, ora estacado.
   En guerra justa es justo el desafío,
la autoridad del príncipe interpuesta,
bajo de cuya mano y señorío
la ordenada república está puesta;
mas si por caso propio o albedrío
se denuncia el combate y se protesta,
o sea provocador o provocado
es ilícito, injusto y condenado,
   y los cristianos príncipes no deben
favorecer jamás ni dar licencia
a condenadas armas que se mueven
por odio, por venganza o competencia;
ni decidan las causas, ni se prueben
remitiendo a las fuerzas la sentencia,
pues por razón oculta a veces veo
que sale vencedor el que fue reo.
   Y el juicio de las armas sanguinoso
justa y derechamente se condena,
pues vemos el incierto fin dudoso,
según la Suma Providencia ordena;
que el suceso ora triste, ora dichoso
no es quien hace la causa mala o buena,
ni jamás la justicia en cosa alguna
está sujeta a caso ni a fortuna.
   Digo también que obligación no tiene
de inquirir el soldado diligente
si es lícita la guerra y si conviene
o si se mueve injusta o justamente;
que solo al rey, que por razón le viene
la obediencia y servicio de su gente
como gobernador de la república,
le toca examinar la causa pública.

Y pues del rey como cabeza pende
el peso de la guerra y grave carga,
y cuanto daño y mal della depende
todo sobre sus hombros solo carga.
Debe mucho mirar lo que pretende,
y antes que dé al furor la rienda larga,
justificar sus armas prevenidas,
no por codicia y ambición movidas.
Como Felipe en la ocasión presente,
que de precisa obligación forzado,
en favor de las leyes justamente
las permitidas armas ha tomado;
no fundando el derecho en ser potente
ni de codicia de reinar llevado,
pues se estiende su cetro y monarquía
hasta donde remata el Sol su vía.
Mas de ambición desnudo y avaricia
(que a los sanos corrompe y inficiona),
llamado del derecho y la justicia
contra el rebelde reino va en persona;
y a despecho y pesar de la malicia
que le niega y le impide la corona,
quiere abrir y allanar con mano armada
a la razón la defendida entrada.
Y aunque con justa indignación movido,
sus fuerzas y poder disimulando
detiene el brazo en alto suspendido,
el remedio de sangre dilatando;
y con prudencia y ánimo sufrido
su espada y pretensión justificando
quebrantará después con aspereza
del contumaz rebelde la dureza.
Oprimirá con fuerza y mano airada
la soberbia cerviz de los traidores,

despedazando la pujante armada
de los galos piratas valedores;
y con rigor y furia disculpada,
como hombres de la paz perturbadores,
muerto Felipe Strozi su caudillo,
serán todos pasados a cuchillo.
　No manchará esta sangre su clemencia,
sangre de gente pérfida enemiga,
que si el delito es grave y la insolencia,
clemente es y piadoso el que castiga.
Perdonar la maldad es dar licencia
para que luego otra mayor se siga;
cruel es quien perdona a todos todo,
como el que no perdona en ningún modo.
　Que no está en perdonar el ser clemente
si conviene el rigor y es importante,
que el que ataja y castiga el mal presente
huye de ser cruel para adelante.
Quien la maldad no evita, la consiente,
y se puede llamar participante
y el que a los malos públicos perdona
la república estraga e inficiona.
　No quiero yo decir que no es gran cosa
la clemencia, virtud inestimable,
que el perdonar vitoria es gloriosa,
y en el más poderoso más loable;
pero la paz común tan provechosa
no puede sin justicia ser durable,
que el premio y el castigo a tiempo usados
sustentan las repúblicas y estados.
　Y no todo el exceso y mal que hubiere
se puede remediar ni se castiga,
que el tiempo a veces y ocasión requiere
que todo no se apure ni se siga;

príncipe que saberlo todo quiere
sepa que a perdonar mucho se obliga:
que es medicina fuerte y rigurosa
descarnar hasta el hueso cualquier cosa.
    La clemencia a los mismos enemigos
aplaca el odio y ánimo indignado,
engendra devoción, produce amigos,
y atrae el amor del pueblo aficionado;
que el continuo rigor en los castigos
hace al príncipe odioso y defamado:
oficio es propio y propio de los reyes
embotar el cuchillo de las leyes.
    Y se puede decir que no importara
disimular los males ya pasados
si dello ánimo el malo no tomara
para nuevos insultos y pecados;
el miedo del castigo es cosa clara
que reprime los ánimos dañados
y el ver al malhechor puesto en el palo,
corrige la maldad y emienda al malo.
    Mas también el castigo no se haga
como el indocto y crudo cirujano
que siendo leve el mal, poca la llaga,
mete los filos mucho por lo sano,
y con el enconoso hierro estraga
lo que sanara sin tocar la mano;
que no es buena la cura y esperiencia
si es más recia y peor que la dolencia.
    Quiérome declarar, que algún curioso
dirá que aquí y allí me contradigo:
virtud es castigar cuando es forzoso
y necesario el público castigo;
virtud es perdonar el poderoso
la ofensa del ingrato y enemigo

cuando es particular, o que se entienda
que puede sin castigo haber emienda.
   Voime de punto en punto divirtiendo,
y el tiempo es corto y la materia larga,
en lugar de aliviarme, recibiendo
en mis cansados hombros mayor carga;
así de aquí adelante resumiendo
lo que menos importa y mas me carga,
quiero volver a Portugal la pluma,
haciendo aquí un compendio y breve suma.
   ¿Qué es esto, ¡oh lusitanos!, que engañados
contraponéis el obstinado pecho
y con armas y brazos condenados
queréis violar las leyes y el derecho?
¡Qué! ¿No mueve esos ánimos dañados
la paz común y público provecho,
el deudo, religión, naturaleza,
el poder de Felipe y la grandeza?
   Mirad con qué largueza os ha ofrecido
hacienda, libertades y esenciones,
no a término forzoso reducido,
mas con formado campo y escuadrones;
y casi murmurando, ha detenido
las armas, convenciéndoos con razones,
cual padre que reduce por clemencia
al hijo inobediente a la obediencia.
   ¿Qué ciega pretensión, qué embaucamiento,
qué pasión pertinaz desatinada
saca así la razón tan de su asiento,
y tiene vuestra mente trastornada,
que una unida nación por sacramento
y con la cruz de Cristo señalada,
envuelta en crueles armas homicidas,
dé en sus propias entrañas las heridas,

y unas mismas divisas y banderas
salgan de alojamientos diferentes,
trayendo mil naciones estranjeras
que derraman la sangre de inocentes
y introducen errores y maneras
de pegajosos vicios insolentes,
dejando con su peste derramada
la católica España inficionada?

A vos, Eterno Padre Soberano,
el favor necesario y gracia pido
y os suplico queráis mover mi mano
pues en vos y por vos todo es movido,
para que al portugués y al castellano
dé justamente lo que le es debido,
sin que me tuerza y saque de lo justo
particular respeto ni otro gusto.

Y pues Vos conocéis los corazones
y el justo celo con que el mío se mueve,
y en los buenos propósitos y acciones
el principio tenéis y el fin se os debe,
dadme espíritu igual, dadme razones
con que informe mi pluma que se atreve
a emprender (temeraria y arrojada)
con tan poco caudal tan gran jornada.

Queriendo Sebastián, rey lusitano,
con ardor juvenil y movimiento
romper el ancho término africano
y oprimir el pagano atrevimiento,
prometiéndole entrada y paso llano
su altivo y levantado pensamiento,
allegó de aquel reino brevemente
la riqueza, poder, la fuerza y gente.

Mas el Rey don Felipe, que al sobrino
vio moverse a la empresa tan ligero,

el errado designio contravino
con consejo de padre verdadero;
y pensando apartarle del camino
que iba a dar a tan gran despeñadero,
hizo que en Guadalupe se juntasen
para que allí sobre ello platicasen.
No bastaron razones suficientes
ni el ruego y persuasión del grave tío,
ni una gran multitud de inconvenientes
que pudieran volver atrás un río,
ni el poner la cerviz de tantas gentes
bajo de un solo golpe al albedrío
de la inconstante y variable diosa,
de revolver el mundo deseosa,
que el orgulloso mozo, prometiendo
lo que el justo temor dificultaba,
los prudentes discursos rebatiendo,
todos los contrapuestos tropellaba,
y tras la libre voluntad corriendo
su muerte y perdición apresuraba,
que no basta consejo ni advertencia
contra el decreto y la fatal sentencia.
¿Quién cantará el suceso lamentable
aunque tenga la voz más expedida
y aquel sangriento fin tan miserable
de la jornada y gente mal regida,
la ruina de un reino irreparable,
la fama antigua en solo un día perdida,
todo por voluntad de un mozo ardiente,
movido sin razón por acidente?
Otro refiera el aciago día,
que a los más tristes en miseria excede,
que aunque sangrienta está la pluma mía,
correr por tantas lástimas no puede.

Quiero seguir la comenzada vía,
si el alto cielo aliento me concede,
que ya de aquesta parte también siento
armarse un gran ñublado turbulento.
    Después que el mozo Rey voluntarioso
al africano ejército asaltando,
en el ciego tumulto polvoroso
murió en montón confuso peleando,
y la fortuna de un vaivén furioso
derrocó cuatro reyes, ahogando
la fama y opinión de tanta gente,
    revolviendo las armas del Poniente,
fue luego en Portugal por rey jurado
don Enrique, el hermano del agüelo
Cardenal y presbítero ordenado,
persona religiosa y de gran celo,
de años y enfermedades agravado,
más que para este mundo para el cielo,
ofreciéndole el reino la fortuna,
con poca vida y sucesión ninguna.
    El gran Felipe, en lo íntimo sintiendo
del reino y muerto Rey la desventura,
y del enfermo don Enrique viendo
la mucha edad y vida mal segura,
como sobrino y sucesor, queriendo
aclarar su derecho en coyuntura,
que por la transversal propincua vía
a los reyes y títulos tenía,
    con celosa y loable providencia
hizo juntar doctísimos varones
de grande cristiandad y suficiencia,
desnudos de interese y pretensiones,
que conforme a derecho y a conciencia,
no por torcidas vías y razones,

mirasen en el grado que él estaba
si el pretendido reino le tocaba.
    Que doña Catalina, como parte,
Duquesa de Verganza, pretendía
por hija del infante don Duarte
que de derecho el reino le venía;
y también don Antonio de otra parte
a la corona y cetro se oponía;
mas aunque del común favorecido,
era por no legítimo escluido;
    y que hecho el examen, cada uno,
a tan arduo negocio conveniente,
sin miramiento ni respeto alguno
diesen sus pareceres libremente;
porque en tiempo quieto y oportuno,
prevenido al mayor inconveniente,
si el reino a la razón no se allanase,
sus armas y poder justificase.
    Todos los cuales claramente viendo
que el transversal por ley y fuero llano
no representa al padre, sucediendo
el legítimo deudo más cercano,
el varón a la hembra prefiriendo,
y al de menos edad el más anciano,
yendo la sucesión y precedencia
por derecho de sangre y no de herencia,
    don Antonio escluido y apartado
por ley humana y por razón divina,
y el derecho igualmente examinado
de don Felipe y doña Catalina
decendientes del tronco en igual grado,
él sobrino de Enrique, ella sobrina,
él varón, ella hembra, él rey temido,
mayor de edad y de mayor nacido,

atento al fuero, a la costumbre, al hecho
y otras muchas razones que juntaron
con recto, justo, igual y sano pecho,
sin discrepar, conformes declararon
ser don Felipe sucesor derecho
y el reino por la ley le adjudicaron
con tierras, mares, títulos y estados
bajo de la corona conquistados.

Vista, pues, don Felipe su justicia
por tan bastantes hombres declarada,
sospechoso del odio y la malicia
de la plebeya gente libertada,
y la intrínsica y vieja inimicicia
en los pechos de muchos arraigada,
quiso tentar en estas novedades
el ánimo del pueblo y voluntades.

Y con piadoso celo, deseando
el bien del reino y público sosiego,
en la mente perpleja iba trazando
cómo echar agua al encendido fuego,
por todos los caminos procurando
aquietar el común desasosiego,
que ya con libertad, sin corregirse
comenzaba en el pueblo a descubrirse.

Para lo cual fue dél luego elegido
don Cristóbal de Mora, en quien había
tantas y tales partes conocido
cuales el gran negocio requería:
de ilustre sangre en Portugal nacido
de quien como vasallo el Rey podría
con ánimo seguro y esperanza
hacer también la misma confianza,

y enterarse del celo y sano intento
tantas veces por él representado,

entendiendo la fuerza y fundamento
de su causa y derecho declarado;
no traído por término violento
ni deseo de reinar desordenado
mas por rigor de la justicia pura,
por ley, razón, por fuero y por natura.
    Así que esto por él reconocido
como de rey tan justo se esperaba,
mirase el gran peligro en que metido
el patrio reino y cristiandad estaba;
y tuviese por bien fuese servido
de sosegar la alteración que andaba,
declarándole en forma conveniente
por sucesor derecha y justamente.
    Con que en el suelto pueblo cesaría
el tumulto y escándalos estraños,
y su declaración atajaría
grandes insultos y esperados daños,
haciendo que en la forma que solía,
para después de sus felices años,
el reino le jurase según fuero,
por legítimo príncipe heredero.
    Hecha por don Cristóbal la embajada
y de Felipe la intención propuesta,
tibiamente de Enrique fue escuchada,
dando una ambigua y frívola respuesta,
que por más que le fue representada
la justicia del Rey tan manifiesta,
procuraba con causas escusarse
sin querella aclarar ni declararse.
    Visto, pues, dilatar el cumplimiento
de negocio tan arduo e importante,
por donde el popular atrevimiento
iba, cobrando fuerzas, adelante,

don Felipe envió con nuevo asiento
largo poder y comisión bastante
para sacar resolución alguna
a don Pedro Girón, duque de Osuna,
    y al docto Guardiola juntamente,
porque con más instancia y diligencia,
vista de la tardanza el daño urgente
contra la paz común y convenencia,
diesen claro a entender cuán conveniente
era en tan gran discordia y diferencia,
que el rey se declarase por decreto,
cortando a mil designios el sujeto.
    Y porque cosa alguna no quedase
por hacer y tentar todos los vados,
y la ciega pasión no perturbase
el sosiego y quietud de los estados,
antes que el odio oculto reventase,
dos eminentes hombres señalados
de los que en su Real Consejo había
últimamente a don Enrique envía:
    uno Rodrigo Vázquez, que en prudencia,
en rectitud, estudio y diciplina
era de grande prueba y esperiencia,
de claro juicio y singular dotrina;
el otro de no menos suficiencia,
famoso en letras, el doctor Molina,
ambos varones raros, escogidos,
en gran figura y opinión tenidos;
    para que Enrique, dellos informado,
y de todas las dudas satisfecho,
a las Cortes que ya se habían juntado
informasen también de su derecho,
y al pueblo contumaz y apasionado,
puesto delante el general provecho,

fueros y libertades prometiesen
con que a su devoción le redujesen.
    Y aunque entendiese el viejo Rey prudente
ser esto lo que a todos convenía,
pues por la espresa ley derechamente
el reino a su sobrino le venía,
con larga dilación impertinente
el negocio suspenso entretenía,
a fin que aquellos súbditos y estados
fuesen con más ventaja aprovechados.
    Pues como hubiese el tardo Rey dudoso
el término y respuesta diferido,
llegó aquél de la muerte presuroso,
del Autor de la vida estatuido:
por donde al sucesor le fue forzoso
viendo al rebelde pueblo endurecido,
juntar contra sus fines y malicia
las armas, y el poder con la justicia,
    habiendo antes con todos procurado
muchos medios de paz por él movidos,
provocando al temoso y porfiado
con dádivas, promesas y partidos;
mas el poblacho terco y obstinado,
no estimando los bienes ofrecidos,
la enemistad del todo descubierta,
al derecho y razón cerró la puerta.
    ¡Quién pudiera deciros tantas cosas
como aquí se me van representando:
tanto rumor de trompas sonorosas,
tanto estandarte al viento tremolando
las prevenidas armas sanguinosas
del portugués y castellano bando,
el aparato y máquinas de guerra,
las batallas de mar y las de tierra!

Veránse entre las armas y fiereza
materias de derecho y de justicia,
ejemplos de clemencia y de grandeza,
proterva y contumaz enemicicia,
liberal y magnánima largueza
que los sacos hinchó de la codicia,
y otros matices vivos y colores
que felices harán los escritores
Canten de hoy más los que tuvieren vena,
y enriquezcan su verso numeroso
pues Felipe les da materia llena
y un campo abierto, fértil y espacioso:
que la ocasión dichosa y suerte buena
vale más que el trabajo infrutuoso,
trabajo infrutuoso como el mío,
que siempre ha dado en seco y en vacío.
¡Cuántas tierras corrí, cuántas naciones
hacia al helado norte atravesando,
y en las bajas antárticas regiones
el antípoda ignoto conquistando!
Climas pasé, mudé constelaciones
golfos innavegables navegando,
estendiendo, Señor, vuestra corona
hasta casi la austral frígida zona.
¿Qué jornadas también por mar y tierra
habéis hecho que deje de seguiros?
A Italia, Augusta, a Flandes, a Inglaterra,
cuando el reino por rey vino a pediros;
de allí el furioso estruendo de la guerra
al Pirú me llevó por más serviros,
do con suelto furor tantas espadas
estaban contra vos desenvainadas.
Y el rebelde indiano castigado
y el reino a la obediencia reducido,

pasé al remoto Arauco, que alterado
había del cuello el yugo sacudido,
y con prolija guerra sojuzgado
y al odioso dominio sometido,
seguí luego adelante las conquistas
de las últimas tierras nunca vistas.
　　Dejo por no cansaros y ser míos,
los inmensos trabajos padecidos,
la sed, hambre, calores y los fríos,
la falta irremediable de vestidos;
los montes que pasé, los grandes ríos,
los yermos despoblados no rompidos,
riesgos, peligros, trances y fortunas
que aún son para contadas importunas.
　　Ni digo cómo al fin por acidente
del mozo capitán acelerado,
fui sacado a la plaza injustamente
a ser públicamente degollado;
ni la larga prisión impertinente
do estuve tan sin culpa molestado
ni mil otras miserias de otra suerte,
de comportar más graves que la muerte.
　　Y aunque la voluntad, nunca cansada,
está para serviros hoy más viva,
desmaya la esperanza quebrantada
viéndome proejar siempre agua arriba.
Y al cabo de tan larga y gran jornada
hallo que mi cansado barco arriba
y de la adversa fortuna contrastado
lejos del fin y puerto deseado.
　　Mas ya que de mi estrella la porfía
me tenga así arrojado y abatido,
verán al fin que por derecha vía
la carrera difícil he corrido;

y aunque más inste la desdicha mía,
el premio está en haberle merecido
y las honras consisten, no en tenerlas,
sino en solo arribar a merecerlas.
   Que el disfavor cobarde que me tiene
arrinconado en la miseria suma,
me suspende la mano y la detiene
haciéndome que pare aquí la pluma.
Así doy punto en esto pues conviene
para la grande innumerable suma
de vuestros hechos y altos pensamientos
otro ingenio, otra voz y otros acentos.
   Y pues del fin y término postrero
no puede andar muy lejos ya mi nave,
y el tímido y dudoso paradero
el más sabio piloto no le sabe,
considerando el corto plazo, quiero
acabar de vivir antes que acabe
el curso incierto de la incierta vida,
tantos años errada y destraída.
   Que aunque esto haya tardado de mi parte
y a reducirme a lo postrero aguarde,
sé bien que en todo tiempo y toda parte
para volverse a Dios jamás es tarde;
que nunca su clemencia usó de arte
y así el gran pecador no se acobarde,
pues tiene un Dios tan bueno, cuyo oficio
es olvidar la ofensa y no el servicio.
   Y yo que tan sin rienda al mundo he dado
el tiempo de mi vida más florido,
y, siempre por camino despeñado
mis vanas esperanzas he seguido,
visto ya el poco fruto que he sacado
y lo mucho que a Dios tengo ofendido,

conociendo mi error, de aquí adelante
será razón que llore y que no cante.

FIN DE LA TERCERA PARTE
y última

Libros a la carta

A la carta es un servicio especializado para
empresas,
librerías,
bibliotecas,
editoriales
y centros de enseñanza;
y permite confeccionar libros que, por su formato y concepción, sirven
a los propósitos más específicos de estas instituciones.

Las empresas nos encargan ediciones personalizadas para marketing
editorial o para regalos institucionales. Y los interesados solicitan, a título
personal, ediciones antiguas, o no disponibles en el mercado; y las acom-
pañan con notas y comentarios críticos.

Las ediciones tienen como apoyo un libro de estilo con todo tipo de refe-
rencias sobre los criterios de tratamiento tipográfico aplicados a nuestros
libros que puede ser consultado en Linkgua-ediciones.com.

Linkgua edita por encargo diferentes versiones de una misma obra con
distintos tratamientos ortotipográficos (actualizaciones de carácter divul-
gativo de un clásico, o versiones estrictamente fieles a la edición original
de referencia).

Este servicio de ediciones a la carta le permitirá, si usted se dedica a
la enseñanza, tener una forma de hacer pública su interpretación de un
texto y, sobre una versión digitalizada «base», usted podrá introducir inter-
pretaciones del texto fuente. Es un tópico que los profesores denuncien
en clase los desmanes de una edición, o vayan comentando errores de
interpretación de un texto y esta es una solución útil a esa necesidad del
mundo académico.

Asimismo publicamos de manera sistemática, en un mismo catálogo,
tesis doctorales y actas de congresos académicos, que son distribuidas a
través de nuestra Web.

El servicio de «libros a la carta» funciona de dos formas.

1. Tenemos un fondo de libros digitalizados que usted puede perso-
nalizar en tiradas de al menos cinco ejemplares. Estas personalizaciones
pueden ser de todo tipo: añadir notas de clase para uso de un grupo de

estudiantes, introducir logos corporativos para uso con fines de marketing empresarial, etc. etc.

2. Buscamos libros descatalogados de otras editoriales y los reeditamos en tiradas cortas a petición de un cliente.